MEN'S HEALTH:

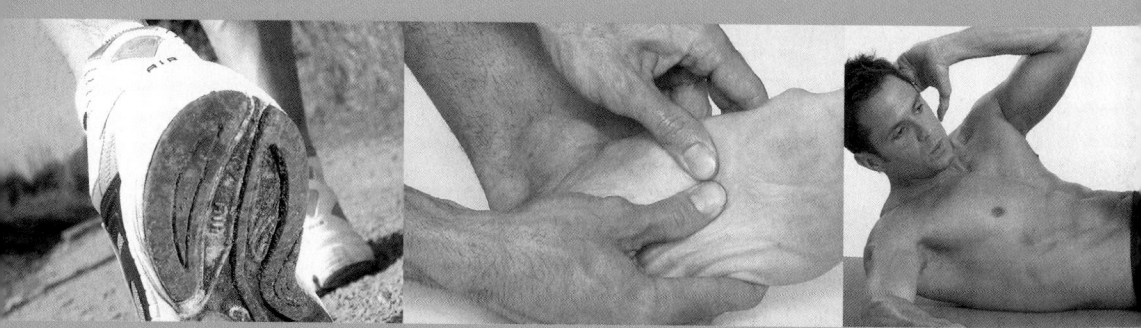

Men's Health

Markus Stenglein / Rainer Müller-Hörner

Bodyconcept Laufen

Der Guide für
Ausrüstung
Technik
Training

Fotos: Patrick Beier

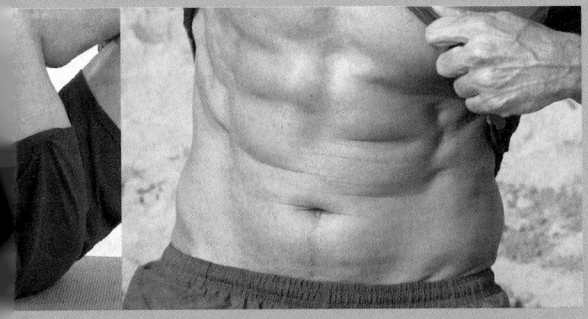

Rowohlt Taschenbuch Verlag

Men's Health

Lektorat Bernd Gottwald

Originalausgabe
Veröffentlicht im Rowohlt Taschenbuch Verlag GmbH,
Reinbek bei Hamburg, Oktober 2002
Copyright © 2002
by Rowohlt Taschenbuch Verlag GmbH,
Reinbek bei Hamburg
Umschlaggestaltung Thomas Lemmler
(*Foto:* Patrick Beier)
Reihengestaltung Annette Peter
Layout Farnschläder & Mahlstedt /
Indra Kupferschmid
Schrift Photina und Bank Gothic
Gesamtherstellung Clausen & Bosse, Leck
Printed in Germany
ISBN 3 499 61375 1

Die Schreibweise entspricht den Regeln
der neuen Rechtschreibung.

INHALT

INHALT

Das beste Ziel für Einsteiger heißt: Ich will mich nach dem
Laufen besser fühlen als vorher. Da ist es anfangs auch egal,
in welchen Schuhen oder Klamotten Sie laufen (obwohl das
passende Equipment die Sache ungemein erleichtert). Doch je
intensiver man einen Sport betreibt, desto detaillierter werden
die Fragen. Wie soll ich die Arme beim Laufen bewegen? Wie
muss ich mich bei Schmuddelwetter kleiden, oder wie soll ich
trainieren, um einige Kilo abzunehmen? Antworten auf diese
Fragen wollen wir Ihnen mit dem Buch Bodyconcept Laufen
geben – eine Palette konkreter Tipps, wie Sie Ihr Lauf-Trai-
ning abwechslungsreicher, gesünder und effektiver gestalten
können. Aus eigener Erfahrung wissen wir, dass wirklich
brauchbare Ratschläge schwer zu finden sind. Entweder
merkt man bereits nach einigen Zeilen, dass der Autor ein Ex-
perte in Sachen «Schreibtisch-Sport» ist. Oder der Beitrag ist
derart theoretisch, dass man sich nach der qualvollen Lektüre
fragt: Und was bringt mir das jetzt? Diesen Leidensweg möchten wir Ihnen ersparen – schließlich ist unsere Zeit kostbar.
Die kommenden fünfzehn Kapitel bieten Ihnen somit alle
wichtigen Informationen, damit Sie als Einsteiger noch mehr
Spaß am Laufen haben. Alle Tipps – von der Schnürtechnik
der Laufschuhe bis zum Marathontrainingsplan – haben wir
selbstverständlich selbst ausprobiert. Viel Spaß beim Laufen
wünschen Ihnen

Markus Stenglein
Dr. Rainer Müller-Hörner

MEHR LUST
AUF LAUFEN

DIE ZEHN ERSTEN SCHRITTE FÜR LÄUFER

SCHRITT 1 Sie haben zehn Sekunden Zeit. Was fällt Ihnen spontan zum Stichwort «Laufen» ein? – Die Uhr läuft. Stopp! Antworten Sie nun ganz ehrlich: War auch nur ein Gedanke aus dem Umfeld «eigentlich müsste ich», «schlechtes Gewissen», «unangenehme Verpflichtung»; «Wann denn bloß?» dabei? Dann heißt der erste Schritt für Sie: Vergessen Sie alles, was Sie über Laufen zu wissen glaubten!

SCHRITT 2 Jetzt folgt der wichtigste der ersten zehn Schritte. Betrachten Sie Laufen nicht als eine Verpflichtung oder einen zusätzlich abzuhakenden Punkt in Ihrem Tagesablauf, sondern als etwas Lustvolles und Kostbares. Versuchen Sie «Laufen» in dem Bereich Ihres Gehirns abzuspeichern, wo Sie bereits «wolkenloser Himmel», «Urlaub», «frische Luft» und «Sex» angesiedelt haben. Glauben Sie uns einfach: Laufen, jedenfalls das neue Laufen, zu dem Sie dieses Buch führen wird, macht richtig Spaß.

SCHRITT 3 Lassen Sie die übliche Arbeitswoche in Gedanken Revue passieren: An welchen Tagen würden Sie sich am dringlichsten eine Auflockerung Ihrer Routine wünschen oder sich selbst etwas Gutes gönnen?
Kein Problem – Ihr Wunsch soll in Erfüllung gehen: Reservieren Sie sich an diesen Tagen eine halbe Stunde Spaß. (Wenn Sie jetzt «keine Zeit» denken, haben Sie Schritt 2 übersprungen. Oder sagen Sie Ihrer Partnerin auch «keine Zeit», wenn sie sich kuschelnd an Sie schmiegt? Na also.)

SCHRITT 4 Wissen Sie, warum so viele Laufanfänger danach aussehen, als hätten sie partout keinen Spaß? Weil sie sich unrealistische Ziele gesetzt haben («10 Kilo in zwei Wochen»), deshalb zu schnell laufen, deshalb keine Luft bekommen, deshalb nur denken «Wann ist die Runde endlich zu Ende?», deshalb noch schneller laufen ...
Setzen Sie sich stattdessen ein realistisches Ziel. Das ist das Gegenteil von einem abstrakten Ziel – also alle Vorgaben, die irgendetwas mit Zahlen zu tun haben, mit verlorenen Kilos,

mit Minuten-pro-Kilometer, mit Kilometer-pro-Woche. Deshalb nun der beste Tipp für Einsteiger. Das realistischste Ziel, das wir kennen, lautet: Ich will mich nach dem Laufen besser fühlen als vorher. Daraus lassen sich alle Fragen ableiten, die Sie vielleicht noch haben.

SCHRITT 5 Wählen Sie eine Strecke, auf der Sie sich wohl fühlen. Wenn Ihnen der Gedanke nicht behagt, dass Ihnen andere zuschauen, dann laufen Sie eben nicht auf dem bevölkerten Weg um den Stadtweiher, auf dem Sie zu jeder Tageszeit Kollegen und Nachbarn treffen. Sie finden bestimmt in der Nähe einen einsamen Weg – der vielleicht nicht so tolle Ausblicke bietet, aber auf dem Sie für sich allein sind. Auch ein Industriegebiet kann seinen Reiz haben.

SCHRITT 6 Beinahe jeder Einsteiger denkt, dass Laufen schneller als Gehen sein muss. Vergessen Sie es. Wenn Sie eine Person Ihres Vertrauens finden, die während Ihres ersten Lauf-Versuchs neben Ihnen hergeht, können Sie den Gegenbeweis im Wortsinn antreten: Konzentrieren Sie sich darauf, maximal so schnell zu laufen, wie Ihre Begleitung geht. Das wird Ihnen anfangs komisch vorkommen, funktioniert aber und ist eine ausgezeichnete Übung für die Muskulatur, die sich erst mal an den neuen Bewegungsablauf gewöhnen muss.

SCHRITT 7 Ein Hinweis, damit Ihnen vor Begeisterung nicht die Lust wegbleibt: Die Puste wird knapp, wenn der Körper nicht genügend einatmen kann. Und er kann nicht genug einatmen, wenn wir nicht intensiv genug ausatmen. Hört sich simpel an, ist aber der eigentliche Schlüssel zur richtigen Atmung. Das Einatmen besorgt der Körper selbst, wenn wir ihm durch bewusstes, kräftiges Ausatmen die Lungen frei machen. Also, lassen Sie Luft ab.

SCHRITT 8 Und noch eine gute Nachricht: Bereits ab dreimal pro Woche 30 Minuten Laufen verbessert sich Ihre Ausdauer! Das heißt aber nicht, dass Sie 30 Minuten am Stück laufen müssen. Wichtig ist die gleichmäßige Belastung, die Sie am Anfang durch einen ständigen Wechsel von Laufen und Gehen erreichen.

SCHRITT 9 Fehlt noch die Ausrüstung. Die Turnschuhe, die Sie letztes Jahr zum Rasenmähen getragen haben, sollten Sie nicht zweckentfremden. Kaufen Sie sich ein Paar ordentliche Laufschuhe. Die finden Sie im gut sortierten Running-Shop – und die wichtigsten Fragen und Antworten dazu im Kapitel «Die perfekte Ausstattung».

SCHRITT 10 Den letzten Schritt können wir Ihnen nicht abnehmen. Den müssen, Verzeihung, dürfen Sie jetzt selbst tun.

ZEHN GRÜNDE, WARUM LAUFEN SCHÖN IST

1. LÄUFER REGISTRIEREN MEHR. Sie kennen die Sonntagsspaziergänge, bei denen man redet und redet – und hinterher gar nicht mehr weiß, was man gesehen hat. Beim Laufen werden Sie Ihre Umgebung intensiver wahrnehmen – und auch neue Details erkennen.

2. LÄUFER WISSEN MEHR. Ist Ihnen schon mal aufgefallen, dass Raubvögel und Rehe wohl vor langsamen Spaziergängern, aber nicht vor ruhig dahintrabenden Spaziergängern fliehen? Kein Wunder also, dass regelmäßig Laufende meist auch noch Spezialisten für Preisfragen wie «Bussard oder Habicht?», «Rot- oder Damwild?» sind.

3. LAUFEN SCHÄRFT DIE BEOBACHTUNG. Wenn Sie einmal pro Woche die gleiche Strecke laufen, werden Sie an kleinen Veränderungen feststellen, dass die Natur nicht 4, sondern 52 Jahreszeiten hat.

4. LÄUFER HABEN DEN GROOVE: Laufen ist die leiseste Art, in einen flotten Rhythmus zu kommen. Und das ganz ohne Tanzstunde und Beschwerden der Nachbarn.

5. LAUFEN BRINGT SIE AUF IDEEN. Durch die Bewegung wird das Hormon ACTH im Gehirn ausgeschüttet. Es wartet nur darauf, die Probleme zu lösen, die sich zuvor in den Synapsen aufgestaut haben.

6. Laufen putscht Sie auf – kostenlos und ganz ohne gefährliche Nebenwirkungen. Körpereigene Drogen, die bei längeren Läufen in kleinen, ungefährlichen Dosen das Gehirn erreichen, geben ein Gefühl der Zufriedenheit, der tiefen Entspannung und verringern die Schmerzempfindlichkeit.

7. Laufen ist das offenste aller Spiele. Es gibt kein Mindest- und kein Höchstalter, keine Mindestteilnehmerzahl und keine Begrenzung nach oben, kein Foul und keine Verlierer.

8. Laufen muss man nicht lange lernen. Die wichtigsten Trainingsstunden haben wir halb autodidaktisch bereits als Kleinkinder absolviert, der Rest ist Feinschliff. Machen Sie das mal jemandem klar, der seit einem Jahr seine Golf-Wochenenden auf der Driving Range verbringt.

9. Läufer sind selbstbewusster. Wer dreimal pro Woche läuft, dem sind drei Erfolgserlebnisse sicher. Da kann ansonsten noch kommen, was will: Chefs mit schlechter Laune, Partnerinnen mit Kopfschmerzen, EC-Automaten ohne Geld …

10. Last, not least: Laufen ist gesund. Sie haben es geahnt. Aber wissen Sie eigentlich, wie gesund Laufen wirklich ist?

Zehn Gründe, warum Laufen gesund ist

1. Laufen macht schlank. Für Untrainierte ist es der einfachste und effektivste Weg zu einer dauerhaften Gewichtsreduktion. Dafür gibt es gleich drei Gründe. Zum einen verbrennt der Körper beim Laufen mehr als bei den anderen sportlichen Aktivitäten (in 30 Minuten etwa sechs Kilokalorien pro Kilogramm Körpergewicht). Zweitens erleichtern Sie Ihrem Stoffwechsel durch regelmäßige Läufe den Zugriff auf Ihre Fettdepots. Er wird zunehmend sparsamer mit den schnell verfügbaren Kohlenhydraten umgehen und sich stattdessen der gigantischen Energievorräte erinnern, die er über

die Jahre als Fett gespeichert hat. Drittens essen Läufer automatisch gesünder, weil ihr Hunger sie seltener auf die falsche Fährte lockt. Läufer haben es nämlich erwiesenermaßen leichter, schädliche Gewohnheiten bei Ernährung und Genussmittelkonsum abzubauen.

2. LAUFEN BEUGT DIABETES VOR, weil es den Blutzuckerspiegel senkt und den Körper sensibler auf das Hormon Insulin reagieren lässt. Angenehmer Nebeneffekt: Läufer sind schneller satt!

3. LAUFEN REDUZIERT STRESS, weil die Produktion der für dieses Gefühl zuständigen Katecholamine heruntergefahren wird.

4. LAUFEN REINIGT DAS BLUT: Ein eventueller Natriumüberschuss wird über den Schweiß ausgeschieden, die Konzentration der für Gicht verantwortlichen Harnsäure wird reduziert, der Anteil des guten Cholesterins (HDL) nimmt zu, die Fließeigenschaft und die Gerinnungsfähigkeit des Blutes verbessern sich.

5. LAUFEN TUNT IHREN MOTOR. Das Herz lernt ökonomischer zu arbeiten, produziert also mehr Leistung bei niedrigerer Schlagzahl. Ein Effekt übrigens, den Sie ganz einfach nachprüfen können, wenn Sie morgen früh nach dem Aufstehen Ihren Ruhepuls messen und dann in vier Wochen wieder. Zehn Schläge pro Minute weniger sind aufs Jahr hochgerechnet etwa 52,56 Millionen Arbeitstakte, die Sie Ihrem Herzen ersparen. Die Wahrscheinlichkeit eines Herzinfarktes – der häufigsten Todesursache bei Männern – rückt in die Nähe der Wahrscheinlichkeit eines Lottogewinns. (Bringen Sie das Ihrem Erben schonend bei.)

6. LAUFEN STÄRKT DIE MUSKELN – und zwar nicht nur in den Beinen. Weil dem Organismus insgesamt der Sauerstofftransport durch regelmäßige Bewegung erleichtert wird, können die kleinen Kraftwerke in den Muskeln besser arbeiten.

7. LAUFEN MACHT SCHLAU. Das Läufer-Gehirn wird mit bis zu doppelt so viel Sauerstoff versorgt wie das Nicht-Läufer-Gehirn. Logisch, dass es deshalb länger aufmerksam bleiben

kann. Außerdem schützt die durch Laufen verstärkte Synapsenbildung unseren Gedächtnisspeicher und fördert die Lernfähigkeit.

8. LÄUFER HABEN BESSEREN SEX.

Nicht nur, dass sie länger können. Sie können auch öfter, weil die Hoden mehr Testosteron produzieren.

9. LAUFEN SÄUBERT DIE LUNGE.

Weil Laufen die Atemwege reinigt, kann die Lunge schneller und mehr Sauerstoff ans Blut geben und Kohlendioxid ausscheiden.

10. LAUFEN STÄRKT IHR IMMUNSYSTEM – sofern Sie es nicht übertreiben. Den üblichen Infektwellen laufen Sie künftig davon.

Morgens laufen: Die Sauerstoffdusche hält sie den ganzen Tag frisch!

ZEHN AUSREDEN, DIE NICHT ZÄHLEN

1. «ICH BEKOMME IMMER SEITENSTICHE»

Genau deshalb sollten Sie regelmäßig laufen. Die genaue Entstehung des Seitenstechens ist zwar noch nicht erforscht. Aber als sichere Gründe gelten falsche Atemtechnik, Nervosität, eine untrainierte Bauchmuskulatur und ein voller Magen. Die ersten drei Gründe werden Sie von zunehmender Routine ausschalten, die vierte Ursache können Sie von vornherein vermeiden. Wenn Sie die Schmerzen anfangs allzu sehr quälen, versuchen Sie es mit dieser Technik: Atmen Sie bewusst aus, wenn das Bein der nicht schmerzenden Seite auf den Boden aufsetzt. Dann schwingt das Zwerchfell im Gleichtakt, und die schmerzende Spannung im Bauch wird vermieden.

Sie verstärken die erleichternde Wirkung, wenn Sie mit
der Hand während des Einatmens auf die stechende Stelle
drücken.

2. «LAUFEN IST LANGWEILIG»

Komisch, dass man dieses Argument immer nur von Nicht-
Läufern hört – finden Sie nicht auch? Bei Ihren ersten Läufen
haben Sie ohnehin genügend mit sich selbst zu tun, da kann
von Langeweile absolut keine Rede sein. Je mehr Sicherheit
Sie in Lauftechnik und Atmung gewinnen, je mehr sich Ihr
Kreislauf an die neue Herausforderung gewöhnt, desto mehr
Spaß werden Sie an der Konzentration auf Ihren Körper fin-
den. Was sich im Organismus innerhalb von fünf Minuten
Laufen so alles abspielt, übertrifft an Action jeden Krimi. Beim
Laufen öffnet sich Ihnen ein Fenster zu diesem turbulenten
Geschehen: Sie spüren Ihren Herzschlag – und zwar nicht be-
ängstigend klopfend, sondern angenehm rhythmisch wie die
Bassbegleitung Ihres Lieblingssongs. Sie werden mit Muskeln
Bekanntschaft machen, die Sie bislang nicht kannten, und Sie
werden diesen unvergleichlichen Wärmestrom fühlen, der
sich langsam von den Kraftwerken in Ihren Muskeln über den
ganzen Körper ausbreitet und schließlich eine Schweißpore
nach der anderen in die Pflicht nimmt.

3. «ICH HABE FÜRS LAUFEN KEINE ZEIT»

Jürgen Schrempp läuft, Klaus Kinkel läuft, und George W.
Bush läuft. Und wie war nochmal Ihr Name?

4. «DURCHS SCHWITZEN VERLIERT MAN MINERALIEN»

Stimmt. Aber wozu gibt es Mineralwasser? Wiegen Sie sich
unmittelbar vor und nach dem Laufen, um die Menge der verlorenen Flüssigkeit festzustellen. Wenn die Waage ein Kilo weniger anzeigt, trinken Sie drei Gläser Mineralwasser extra –
und Ihre Mineralspeicher sind möglicherweise besser gefüllt
als zuvor. Empfehlenswert sind Produkte, die mindestens
400 Milligramm Natrium und 150 Milligramm Magnesium
pro Liter enthalten.

5. «Nach dem Laufen habe ich Muskelkater»

Sehen Sie es als ein gutes Zeichen, wenn Ihnen die Beinmuskeln nach den ersten drei Tagen ein deutliches Feedback geben. Nach spätestens zwei Wochen hat sich das Thema erledigt – versprochen! Über diese Zeit trösten Sie sich mit lindernden Wechselbädern, leichten Massagen und einer großen Portion Ananas hinweg (die enthält das Gewebe-Neubildungen beschleunigende Bromelain).

6. «Beim Laufen sterben rote Blutkörperchen ab»

Diesen Einwand lassen wir nur bei Vollbart-Trägern durchgehen. Denn wenn Sie sich nur einmal pro Monat beim Rasieren schneiden, verlieren Sie ungefähr genauso viele Erythozyten. Ganz im Ernst: Der Verlust ist so minimal, dass der Körper ihn schon kurz nach dem Duschen wieder ausgeglichen hat.

7. «Laufen schadet den Gelenken»

Ob das stimmt, lässt sich ausrechnen. Teilen Sie Ihr Körpergewicht durch das Quadrat Ihrer Körpergröße in Meter. Also, zum Beispiel: 76 Kilo und 1,75 Meter ergeben einen BMI von 76 : (1,75 hoch 2) = 25. Liegt der BMI unter diesem Wert, profitieren Ihre Gelenke sogar davon. In diesem Bereich stärkt dosiertes Laufen auf wechselndem Untergrund und mit den passenden Laufschuhen sogar die Stützmuskulatur des Skeletts.

8. «Morgens bin ich zum Laufen viel zu müde»

Ja, denken Sie, wir wollen Sie zum Leistungssport animieren? Sie sollen sich doch hinterher besser, aktiver und unternehmungslustiger fühlen als vorher. Betrachten Sie Laufen nicht als Training, sondern als lockere Form, sich prima zu entspannen. Falls Sie jetzt immer noch Probleme haben, aus den Federn zu kommen, helfen bestimmt folgende Tricks:

- Verabreden Sie sich mit einem zuverlässigen Laufkumpel, der Sie morgens rausklingelt und keine Ausreden gelten lässt.
- Legen Sie sich abends die Laufklamotten und -schuhe direkt neben das Bett. Dann können Sie sofort losstarten.

- Koppeln Sie die Kaffeemaschine mit einer Zeitschaltuhr. Der Duft lockt Sie bestimmt aus den Federn (und zudem beschleunigt ein Tässchen vor dem Laufen die Fettverbrennung).
- Sprinten Sie nicht los, walken Sie die ersten fünf Minuten.
- Kehren Sie am Ende des Laufs beim Bäcker ein: Dort gibt's frische Brötchen zur Belohnung.

9. «Läufer sind Freiwild für Hunde»

Nicht die Hunde sind das Problem, sondern deren Halter mit ausgeprägten Leseschwierigkeiten, die geflissentlich die Aufforderung zum Anleinen ignorieren. Dass dahinter selten böse Absicht steckt, stellt sich meist heraus, wenn man sie freundlich bittet, ihren Vierbeinern die Zügel anzulegen.

10. «Ich möchte nicht so aussehen wie Joschka Fischer»

Dann kombinieren Sie doch einfach das Lauf-Programm von Fischers Joschka mit dem Speiseplan von Fischers Ottfried.

DIE PERFEKTE AUSSTATTUNG

Laufschuhe: Alles für den perfekten Auftritt

Laufen ist nicht nur der einfachste, sondern auch der günstigste Sport der Welt. Der einzige Ausrüstungsgegenstand, der wirklich wichtig ist, sind die Laufschuhe. Bereits nach fünf Kilometern haben Hobby-Läufer jedes Bein mit 400 Tonnen belastet. Dieses Gewicht entspricht etwa dem von 2000 voll getankten Motorrädern (Ducati Monster 900 S), 1471 Konzertflügeln (Steinway & Sons) oder dem achtfachen maximalen Startgewicht einer Boeing 737–800. Wenn Sie bei dieser Schwerstarbeit die falschen Schuhe tragen, sind Verletzungen vorprogrammiert. Da spielt es keine Rolle, ob die Schuhe alt oder neu sind. Nur mit Modellen, die auf Ihren Lauftyp und Fuß abgestimmt sind, ist Laufen gesund.

Worauf kommt es an?

1. Der Schuh muss passen. Der Fuß sollte im Schuh so wenig wie möglich von seiner natürlichen Form abweichen. Entscheidende Bedeutung bei der Passform haben die Leisten, die den unterschiedlichen Formen des menschlichen Fußes nachempfunden sind. Nur wenn der Schuh optimal sitzt, kann er von der Fersenschale bis zur Zehenbox optimal füh-

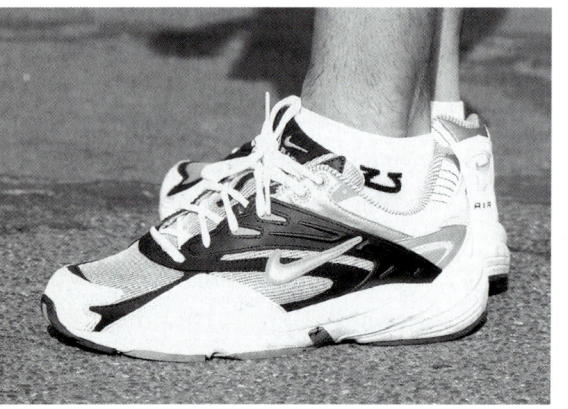

ren. Mit den falschen Schuhen kommt es zu Fehlbelastungen und Verletzungen. Häufige Beschwerden sind beispielsweise Achillessehnenschmerzen, wenn der Schuh den natürlichen Bewegungsablauf behindert. Übrigens: Allgemeine Werte über die Passform können nicht abgegeben werden. Alle Hersteller fertigen für jedes Land unterschiedliche Modelle an. Der germanische Fuß in Mittel- und Nordeuropa ist flacher und breiter als der romanische Fuß in Frankreich oder Italien.

2. Der Schuh muss stabilisieren. Sobald Ihr Fuß Bodenkontakt bekommt, muss der Schuh ihn stützen. Zirka 75 Prozent aller Läufer neigen während der Stützphase zum Einknicken (Pronation). Dieser Vorgang ist ganz natürlich. Nach dem Aufsetzen der Außenseite verlagert sich die Belastung zur Innenseite der Sohle. Das Längsgewölbe kann einsinken und einen Teil der Aufprallenergie absorbieren. Das schont Knochen und Gelenke.

3. Der Schuh muss dämpfen. Ein Laufschuh muss den Aufprallschock unter der Ferse dämpfen. Das Hauptproblem dabei: Die Kräfte treten schneller auf, als die Muskulatur reagieren kann. Laut Untersuchungen ist nach etwa 10 bis 30 Millisekunden die Kraftspitze erreicht. Der Muskel braucht aber eine Zeit von mindestens 40 Millisekunden, bis es zu einer Kontraktion kommt. Doch eine zu starke Dämpfung hat nicht nur Vorteile. Je weicher die Dämpfung, desto tiefer und länger sinkt der Fuß ein – der Körper muss den natürlichen Grad des Einknickens ausgleichen. Eine starke Pronation führt zu einer erhöhten Rotation im Knie. Auf Dauer kommt es dort zu Verletzungen. Passform und die richtige Stabilität entscheiden über Gesundheit oder Verletzung. Die Dämpfung ist wichtig, aber zweitrangig.

Die wichtigsten Fragen zum Laufschuhkauf

- ### Welche Grösse muss ich kaufen?
  Nur wenn Ihr Fuß während des Bewegungsablaufs durch Fersenschale und Schaft geführt wird, kann er ungestört abrollen. An der Ferse und im Mittelfußbereich sollte der Schuh daher wie eine zweite Haut sitzen, um die Kräfte optimal zu übertragen. Der Schuh darf auf keinen Fall drücken! Da die Zehen bei jedem Bodenkontakt einen Greif-Spreiz-Reflex ausführen, sollte der Schaft seitlich nur leicht anliegen. Zwischen dem großen Zeh und dem vorderen Schuhende muss ein Fingerbreit Platz bleiben, da sich der Fuß bei der Abknickbewe-

gung um bis zu zwei Zentimeter nach vorne schieben kann. Nehmen Sie daher Laufsocken mit zum Kauf.

• WANN SOLLTE ICH LAUFSCHUHE KAUFEN?

Am besten, Sie kaufen die Schuhe immer nach dem Training. Dann hat sich der Fuß wegen der Ermüdung im Längsgewölbe verflacht. Bei unbelasteten Füßen muss vorne eine Daumenbreite Platz bleiben, am Abend reicht dort eine Breite des kleinen Fingers als Freiraum.

• WO KANN ICH LAUFSCHUHE KAUFEN?

Suchen Sie einen gut sortierten Laufshop. Nur hier kann das geschulte Fachpersonal entsprechend Ihrer Fußform, Ihrer Körperstatur und dem Einsatzbereich den passenden Schuh finden. Wichtig: Lassen Sie sich mehrere Modelle zeigen und probieren Sie alle aus. Wenn es im Geschäft kein Laufband gibt, können Sie bestimmt vor dem Laden einige Meter auf und ab laufen. Wählen Sie den Schuh nicht nach Preis und Styling aus – es sei denn, Sie sind sicher, dass er passt. Notfalls können Sie auch auf ein Vorgänger-Modell ausweichen, die sind oft einige Euros günstiger.

• WELCHEN SCHUH BRAUCHEN PROBLEMFÜSSE?

Da es sich bei Schuhen um Massenprodukte handelt, können Füße außerhalb der Norm kaum berücksichtigt werden. Läufer mit extrem hohen oder breiten Füßen sollten zu einem Hersteller greifen, der baugleiche Modelle in unterschiedlichen Breiten anbietet. Ein weiteres Problem sind unterschiedliche Fußlängen. Richten Sie sich in diesem Fall nach dem größeren Fuß. Wenn der Fuß schlupft, kann sein Bewegungsraum mit Hilfe einer Maßeinlage oder einer dicken Socke eingeengt werden. Übrigens: Es ist nicht ungewöhnlich, dass die Schuhgröße bei Läufern innerhalb von zehn Jahren um eine Nummer zunimmt.

• WIE LANGE HÄLT EIN LAUFSCHUH?

Die Lebensdauer hängt nicht nur von Ihrem Körpergewicht und vom Laufstil ab, sondern auch vom Aufbau des guten Stücks. Mit einem Blick auf die Sohle können Sie das nicht beurteilen. Das erhöhte Risiko geht von der geschäumten

Zwischensohle aus. Die verliert nach etwa 600 Kilometern 35 Prozent ihrer Rückstellfähigkeit und Elastizität. Die beste Methode ist es, nach etwa 400 Trainingskilometern einen ähnlichen Schuh zu kaufen und diesen im Wechsel mit dem alten Modell zu tragen. Irgendwann werden Sie feststellen, dass sich die Füße und Beine nach dem Training anders anfühlen als mit dem neuen Schuh. Dann wird es Zeit, den alten Schlappen auszusortieren.

- ### WIE VIELE LAUFSCHUHE BRAUCHE ICH?

Die Anzahl Ihrer Schuhe richtet sich nach Ihrem Trainingspensum. Wenn Sie dreimal pro Woche laufen, sollten Sie idealerweise drei Paar Laufschuhe besitzen (und benutzen). Dann können die Schuhe zwischen den Läufen vollständig austrocknen. Und das ist nicht nur hygienischer, sondern macht die Schuhe auf Dauer außerdem haltbarer. Denn die Zellstrukturen im Inneren der aufgeschäumten Zwischensohle können sich in dieser Zeit wieder aufrichten.

Ihrer Gesundheit zuliebe: Laufschuhe nur mit Fachberatung kaufen

- ### SOLL ICH EINEN RENNSCHUH KAUFEN?

Das niedrige Gewicht von Wettkampfschuhen ist verlockend. Überlassen Sie aber diese Modelle lieber den Top-Athleten mit der ausgefeilten Technik. Gerade auf den letzten Laufkilometern muss ein Schuh stützen und führen. Also lieber ein leichter Trainingsschuh.

- ### BRAUCHE ICH SCHUHE FÜR OFF-ROAD?

Wenn Sie häufig abseits befestigter Wege (oder bei Nässe) laufen, lohnt sich die Anschaffung von Trailschuhen. Solche Modelle haben eine griffigere Profilaußensohle, eine Wasser abweisende Oberfläche und eine verstärkte Zehenbox und Fersenschale. Im Unterschied zu herkömmlichen Schuhen sind sie aber deutlich schwerer. Mit Ihren herkömmlichen Laufschuhen können Sie natürlich auch durchs Unterholz jagen. Achten Sie aber darauf, dass Ihr Modell eine schwarze (sehr abriebsfeste) und durchgehende Sohle hat, um mechanische Verletzungen durch Steine zu verhindern.

OPTIMALE SCHNÜRTECHNIK

Da kann der Laufschuh noch so gut sein – wenn er falsch geschnürt wird, leiden die Füße, und das Verletzungsrisiko steigt. Folgende zwei Fehler treten dabei am häufigsten auf.

- ### 1. FEHLER: SIE SCHNÜREN DIE SCHUHE ZU LOCKER
  Wird der Fuß nicht richtig fixiert, können die Stützfunktionen des Schuhs nicht zum Tragen kommen.

- ### 2. FEHLER: SIE SCHNÜREN DIE SCHUHE ZU FEST
  Durch den Druck werden Blutgefäße zusammengedrückt und Sehnen vorgespannt. Auf Dauer kann das zu einer Überlastung der Wadenmuskulatur führen.

Da die gängige Überkreuz-Schnürmethode beide Fehler begünstigt, sollten Sie sich für eine der folgenden Techniken entscheiden.

- ### FÜR SCHMALE FÜSSE
  Nutzen Sie beim Schnüren die äußeren Ösen, falls Sie einen schmalen Fuß haben.

- ### FÜR BREITE FÜSSE
  Zusätzliche Weite können Sie erzielen, indem Sie die inneren Schnürlaschen verwenden.

- ### FÜR FÜSSE MIT HOHEM SPANN
  Die Brückenbindung – hier wechselt der Senkel erst bei jeder zweiten Öse die Seite.

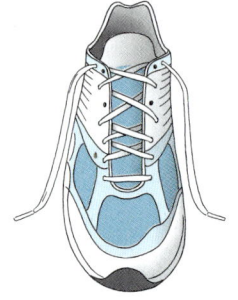

Für schmale Füße

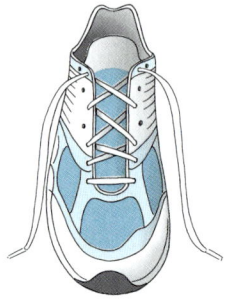

Für breite Füße

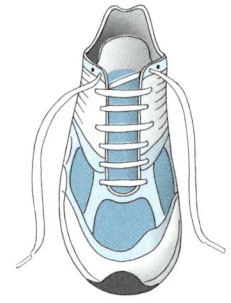

Für Füße mit hohem Spann

1. Investieren Sie beim Kauf nicht nur Geld, sondern auch Zeit.
2. Suchen Sie den Laufshop abends oder nach dem Training auf.
3. Gutes Personal beurteilt Ihre Fußform und fragt nach Verwendungszweck, Körpergewicht und Laufkilometern.
4. Mehrere Modelle unterschiedlicher Hersteller zeigen lassen.
5. Mit dünnen Socken muss der Schuh im Mittelfuß und Fersenbereich wie eine zweite Haut sitzen. Zwischen Zehen und den Schuhspitzen befindet sich ein Fingerbreit Platz.
6. Machen Sie einen Testlauf – entweder vor dem Shop oder auf dem Laufband.

FÜR VERLETZTE FÜSSE

Binden Sie die Senkel im Zickzack. Der vordere Teil wird angehoben, die wunden Zehen werden entlastet.

FÜR SICHEREN HALT

Die Überkreuzbindung mit Lasche für die Senkelenden ist eine gute Allround-Technik.

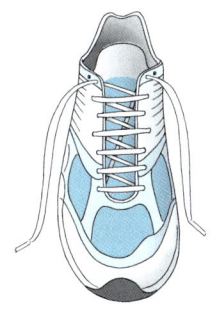

Für verletzte Füße

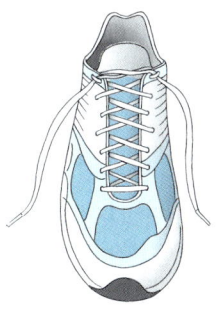

Für sicheren Halt

Die passende Bekleidung

Es soll ja Leute geben, die nur bei Kaiserwetter die Laufschuhe schnüren. Wenn die wüssten, was ihnen entgeht. Durch einen klirrkalten Winterabend laufen, bis man dampft wie ein Topf Nudeln; im Regen zu rennen, bis man sich wohlig nass fühlt wie in einer warmen Badewanne – das sind Erlebnisse, die einem die Wartezeit auf den nächsten Sommer versüßen. Vorausgesetzt allerdings, die Kleidung stimmt.

Sie können beim Laufen natürlich Ihren alten Baumwollpulli anziehen. Praktischer (und schöner) ist Funktionsbekleidung. Für jedes Wetter gibt's das passende Outfit, das den Körper vor Kälte, Sonne, Wind und Regen schützt, ohne die Atmungsaktivität zu beeinflussen. Im Gegensatz zum Naturprodukt Baumwolle wird durch die extrem dünnen, dicht gewebten Kunstfasern keine Feuchtigkeit gespeichert. Dadurch saugt sich das Gewebe nicht voll und bietet die für eine optimale Klimatisierung notwendige Luftzirkulation.

Da nicht die vom Thermometer angezeigte Temperatur bei der Kleidungswahl relevant ist, sondern die subjektiv gefühlte Temperatur entscheidet, haben wir Ihnen für vier Bedingungen die optimale Kleidungsliste zusammengestellt.

- An heissen Tagen (über 20 Grad): Shorts und Singlet (dünnes Trägershirt). Unbedingt eine Kopfbedeckung tragen (z. B. atmungsaktives Lauf-Cap).
- An warmen Tagen (10 bis 20 Grad): kurze Shorts, Funktions-T-Shirt und eventuell eine windabweisende Weste. Bei Regen ebenfalls ein Cap tragen.
- An kühlen Tagen (0 bis 9 Grad): Lange Tights, langärmliges Shirt, dünne Jacke.
- An kalten Tagen (unter 0 Grad): Winter-Tight, Funktionsunterwäsche mit Windlatz, dickere Winter-Laufjacke, langärmliges Shirt, dünner Fleece-Pulli, dünne Mütze und Handschuhe.

GANZ WICHTIG: Die Vorschläge funktionieren nach einem mehrschichtigen System, also dem Zwiebelprinzip. Sie schichten dabei mehrere Lagen übereinander.

Die erste, eng am Körper liegende Schicht dient dem schnellen Abtransport des Schweißes von der Haut. Hier müssen Materialien zum Einsatz kommen, die die Feuchtigkeit rasch von innen nach außen transportieren und dort weitflächig verteilen. Die äußere Lage soll Wind und Wetter trotzen und besteht aus Wasser abweisenden (aber atmungsaktiven) Materialien.

An ganz kalten Tagen wird zwischen diesen beiden Schichten noch eine mittlere Lage aus flauschigem Fleece getragen.

NICHT VERGESSEN: Die Zwiebel-Theorie funktioniert nur, wenn sich nirgendwo Baumwolle einschleicht. Schon ein normales T-Shirt, als erste Lage getragen, verstopft die Klimatisierungswege – der Läufer wird dann trotz hochtechnischer Laufausstattung pitschnass und riskiert eine Erkältung.

ÜBRIGENS: Alle Funktionsmaterialien sind pflegeleicht, also waschmaschinenfest, schnell trocknend und bügelfrei. Lassen Sie aber den Weichspüler weg – der beeinträchtigt die Atmungsaktivität.

UND NOCH ETWAS: Wenn Sie Funktionsbekleidung zu selten waschen, entdecken Sie einen Nachteil gegenüber Baumwolle, denn die Synthetikstoffe stinken schneller nach Schweiß.

EXTRA-TIPP:
Kleiden Sie sich immer so, als hätte es draußen zehn Grad mehr, als das Thermometer anzeigt. Wenn Sie beim Loslaufen leicht frösteln, sind Sie optimal angezogen!

ZUSÄTZLICHES LAUFEQUIPMENT

PULSMESSER: Sportuhren mit eingebautem Herzfrequenz-messer sind auch vor allem für Einsteiger eine große Hilfe, da Sie damit Ihre Belastung optimal steuern können.

LAUFSOCKEN: Auch hier gilt – Finger weg von Baumwolle. Solche Modelle saugen sich ruck, zuck mit Schweiß voll und verursachen Blasen. *Tipp:* Die dünnen Laufsocken sollten Sie auch beim Laufschuhkauf tragen, um die richtige Schuh-größe zu ermitteln.

TRINKGÜRTEL: Vor allem bei langen Läufen müssen Sie regel-mäßig trinken. Trinkgürtel – ein dickes Stretchband, an dem vier bis fünf kleine Plastikflaschen befestigt sind – sind hierfür die beste Wahl.

MIT ODER OHNE MUSIK?

Für intellektuell anspruchsvolle Einheiten wie Intervalltraining oder herzfrequenzgesteuerte Wiederholungen eignet sich ablenkende Musikbegleitung aus dem MP3-Player ganz und gar nicht. Auch bei langen, langsamen Läufen können heiße Rhythmen kontraproduktiv sein – dann nämlich, wenn man vor lauter Begeisterung den geplanten Belastungsbereich verlässt. Laut einem Studienergebnis der amerikanischen University of Louisiana lieferten Probanden die besten Werte ab, wenn aus Lautsprechern leicht verdaulicher Pop blubberte. Eigentlich ein überraschendes Ergebnis, hören doch die meisten Läufer beim Training am liebsten laute Rockmusik. Doch der Hard Rock steigert die Leistung nicht. Die Erklärung der Wissenschaftler: Die Soft-Rhythmen haben eine beruhigende Wirkung auf den Puls, sodass bei gleicher Geschwindigkeit niedrigere Herzfrequenzen anfallen. Man hält länger durch – oder kann noch schneller laufen.

DIE RICHTIGE LAUFTECHNIK

Jeder Mensch hat seinen eigenen Laufstil und -rhythmus, und die sind ab dem Erwachsenenalter auch kaum mehr tief greifend zu ändern. Die individuelle Lauftechnik hängt von einer Vielzahl von Parametern ab. Zum Beispiel von Körperbau, Körpermaßen und der Verteilung und Spannung der Muskulatur.

Anatomische Eigenheiten können Sie zwar nicht ändern, doch mit ein paar einfachen Tipps lassen sich die Arm- und Beinarbeit sowie die Körperhaltung optimieren – damit auch Sie besser, schneller und verletzungsfreier laufen.

DER LAUFSCHRITT

Mit dem Vorfuß oder mit der Ferse landen? Lange oder kurze Schritte? Ziehen oder schlurfen? Egal, welche Fragen Sie haben, hier sind die Antworten!

DIE LAUFPHASEN

Ein Laufschritt wird in zwei Phasen unterschieden:

IN DER STÜTZPHASE hat der Fuß Bodenkontakt. Sie beginnt mit dem Aufprall der Ferse auf den Boden. Dieser Ablauf nimmt etwa dreißig Prozent des kompletten Bewegungsablaufs in Anspruch.

Der Fuß eines Langstreckenläufers setzt im Normalfall mit dem Außenanteil der Ferse auf und rollt dann über den Außenanteil des Fußes ab, um sich dann im Bereich des Großzehenballens abzustoßen. Sprinter hingegen setzen bei ihren raumgreifenden Schritten mit dem Vorfuß auf. Diese Technik ist für lange Läufe aber ungeeignet, da sie sehr kraftraubend ist und es außerdem zu einer Überlastung der Schienbeinmuskulatur kommen kann.

Einen guten Kompromiss bietet der Mittelfußlauf. Hier tippt der Fuß bei etwas flacherem Winkel an der Fersenaußenseite auf und rollt dann über den Mittel- und Vorfußbereich ab.

Die Flugphase beginnt, sobald der Abstoßfuß den Boden verlässt, und endet mit der Landung des anderen Fußes. Wie weit der Unterschenkel in Richtung Gesäß schwingt (Anfersen), hängt von der Laufgeschwindigkeit ab.

Auch der Kniehub des Oberschenkels in der Flugphase richtet sich nach dem Tempo. Bei langsamen Geschwindigkeiten beträgt der Winkel zur Körperachse etwa 15 Grad, bei Sprints kann er 90 Grad erreichen.

Schrittführung und Schrittlänge

Stellen Sie sich aufrecht hin und fällen Sie ein virtuelles Lot von Ihrem Körperschwerpunkt auf den Boden – genau hier ist Ihre Ideallinie, an der sich Ihre Füße orientieren müssen. Setzen Sie nämlich die Füße zu breit auf, reagiert Ihr Oberkörper mit Pendelbewegungen. Und das kostet Kraft und bremst die Laufökonomie. Versuchen Sie, auch den Fuß in Laufrichtung aufzusetzen. Nur so können Sie sich effektiv aus dem Fußgelenk abdrücken und vermeiden den Charlie-Chaplin-Laufschritt. *Unser Tipp:* Probieren Sie unbedingt die Übungen aus dem Kapitel «Das Koordinationstraining» aus!

Die meisten Einsteiger machen zu lange Schritte. Doch damit erreichen Sie genau das Gegenteil von einem effektiven Laufstil. Denn ab einer gewissen Länge beginnen Sie in den Schritt zu fallen. Die Aufprallphase und Stützphase werden dadurch verlängert – und das kostet nicht nur Zeit und Kraft, sondern belastet Ihren Stützapparat, Sehnen, Knochen und Gelenke. Treten Sie also anfangs etwas kürzer – außer Sie wollen an einem 100-Meter-Sprint teilnehmen.

LAUFTECHNIK IM GELÄNDE

Mit schlampiger Technik geraten Sie im Trail sofort ins Stolpern. Aber so weit kommt es in den meisten Fällen nicht, denn das Gelände zwingt zu einem neuen Laufstil. Ganz wichtig dabei: Messen Sie beim Trail-Running den Trainingsaufwand nicht in Kilometern, sondern in Minuten. Denn im Gelände kommen Sie nicht so schnell voran. Damit Sie sich nicht verletzen, sollten Sie die Kontaktzeiten der Füße mit dem Boden verkürzen. Laufen Sie deshalb hauptsächlich auf dem Vorfuß.

SO LAUFEN SIE BERGAUF: Schonender als bergauf können Sie nicht laufen, da der Auftritt und Abdruck immer über den Vorfuß stattfindet – und nicht wie in der Ebene zuerst über die Ferse. Das reduziert die Belastung auf Stütz- und Bewegungsapparat auf ein Minimum. Bergauf müssen Sie das Bein höher führen, kräftig aus dem Fußgelenk abdrücken und das Bein konsequent strecken. Mit zunehmender Steigung wird die Schrittlänge kürzer. Die Frequenz sollte dabei kaum absinken.

Verbessert Ihre Koordination: Bergauf- und Bergabläufe

So laufen Sie bergab: Auf schnellen Downhills sollten Sie versuchen, wenig zu springen, sonst wird die Belastung für Sehnen und Gelenke zu groß. Versuchen Sie sich trotz des Gefälles über die Fußballen abzudrücken und nicht auf den Fersen zu landen. Das bedeutet eine geringere Belastung für Ihre Gelenke und eine deutlich bessere Bewegungskontrolle. Aber übertreiben Sie es nicht mit dem Tempo, auch wenn Sie bergab mit geringerem Krafteinsatz richtig schnell laufen können. Ein gleichmäßiger Rhythmus ist entscheidend, damit Ihnen Seitenstechen erspart bleibt.

So laufen Sie querfeldein: Besonders glänzender Schlammboden ist tückisch (weil rutschig), und das verklebte Sohlenprofil sorgt zusätzlich für Gewicht an den Schuhen. Dunkler, matter Boden ist meistens schon angetrocknet und lässt deutlich schnellere Laufzeiten zu. Besonders anspruchsvoll ist Trail-Running auf felsigem Untergrund. Dort drosseln Sie lieber das Tempo und treten nicht auf einzelne Steine, da Sie sonst leicht umknicken können. Besser: Setzen Sie mit dem Fuß hinter dem Stein auf und überspringen Sie kleine Hindernisse.

Barfuss laufen

Eigentlich ist unser Fuß natürlich zum Barfußlaufen geschaffen – aber durch superbequeme Laufschuhe und versiegelte Oberflächen trainieren die meisten Läufer nie ohne Schuhe. Dabei kann das durchaus sinnvoll sein. So werden zum Beispiel die Fußmuskulatur und der Bänderapparat der Füße gestärkt. Um sich vor Verletzungen zu schützen, sollten Sie …

… auf einem weichen Untergrund laufen – beispielsweise auf einem Fußballplatz;

… anfangs nur kurze Strecken bewältigen. Viermal eine Minute reichen dazu locker aus.

Nutzen Sie beim Barfußlaufen die technischen Übungen aus dem Kapitel «Das Koordinationstraining», um Ihre Technik zu verbessern.

DER ARMSCHWUNG

Je zielgerichteter Sie die Armbewegung ausführen, desto effektiver wird Ihr Laufstil. Die Arme müssen Rotationsbewegungen des Rumpfes ausgleichen, sie stabilisieren den Körperschwerpunkt und gewährleisten die Balance des Körpers in der Flugphase. Außerdem steuert die Frequenz der Armbewegung die Schrittfrequenz!

Schwingen Sie daher die um 90 Grad angewinkelten Arme seitlich am Körper mit. Ausschweifende Bewegungen – zum Beispiel das Pendeln vor der Brust – stören die geradlinige Fortbewegung. Dieser Umstand hat mehrere Ursachen.

FEHLER: Die Bewegung kommt nicht aus dem Schultergelenk, sondern durch das aktive Vor- und Zurückführen der Schulter.

FEHLER: Beide Arme werden zu tief gehalten. Daher: Achten Sie auf den rechten Winkel im Ellenbogengelenk!

FEHLER: Die Oberkörpermuskulatur ist zu schwach ausgeprägt und verkürzt. Daher: Regelmäßig stretchen und kräftigen.

DIE WICHTIGSTEN TIPPS

- Die Arme sind beim Laufen angewinkelt. Oberarme und Unterarme bilden einen Winkel von etwa 90 Grad.
- Die Arme schwingen parallel neben Ihrem Oberkörper. Viele Läufer schwingen ihre Arme unbewusst nicht parallel, sondern nach innen über die Mittellinie ihres Körpers. Der Schwung der Arme geht so nicht nach vorne, sondern zur Seite. Sie verschwenden Kraft und verdrehen Ihren Körper beim Laufen. Diese Drehbewegung findet in Ihrer Lendenwirbelsäule statt und belastet diese sensible Stelle Ihres Körpers.
- Die Hände sind beim Laufen leicht geöffnet und entspannt. Machen Sie bloß keine Faust. Das bringt Verspannungen in Ihre gesamte Laufbewegung, die bis in den Nackenbereich reichen. Die Handrücken zeigen nach außen. Die Hände schwingen in der Höhe der Brust.

TRAINING FÜR DEN ARMSCHWUNG

Die richtige Armbewegung können Sie mit einfachen Tricks verbessern. Hier die besten Übungen dazu:

1. Laufen Sie jeweils 100 Meter mit über den Kopf gehobenen Armen, mit nach unten hängenden Armen und Armen in der richtigen Mittelstellung. Spüren Sie, wie die Körperspannung bei hängenden Armen nachlässt?

2. Machen Sie während des Laufens bewusst eine Faust und entspannen Sie darauf Ihre Hände. Merken Sie, wie mit geballter Faust der Körper verspannt?

3. Setzen Sie bewusst Ihre Arme zur Frequenzsteigerung ein. Laufen Sie abwechselnd 100 Meter mit hoher Frequenz und 100 Meter mit niedriger Frequenz.

4. Versuchen Sie gelegentlich Ihre Laufhaltung im Spiegel zu korrigieren (beispielsweise indem Sie entlang einer Schaufensterfront laufen).

KÖRPERHALTUNG UND KÖRPERSCHWERPUNKT

Je aufrechter Ihr Laufstil, desto besser. Ausschlaggebend dafür ist der Kopf. Bleibt er gerade und ruhig, folgt auch der restliche Körper seiner Vorgabe. Gucken Sie daher beim Laufen immer etwa zehn Meter nach vorn, dann laufen Sie aufrecht. Wenn Sie beim Laufen Ihre Füße erkennen können, machen Sie garantiert einen Rundrücken. Lehnen Sie sich nämlich zu weit nach vorne, fällt nicht nur das Atmen schwerer, sondern der Körperschwerpunkt kommt leichter aus dem Gleichgewicht. Und das bremst.

Je weniger sich Ihr Körperschwerpunkt beim Laufen hin und her bewegt, desto besser für Sie. Denn bei jedem Schritt müssen Sie nicht nur das Körpergewicht nach vorne bringen, sondern es auch durch den Abstoß nach oben und die Landung nach unten bewegen. Eine geringere Differenz zwischen dem höchsten und dem tiefsten Punkt des Körperschwerpunkts (der sich in der Hüftgegend befindet) bedeutet einen Kraft sparenden und daher schnelleren Laufstil.

DIE ATMUNG

Zuerst die gute Nachricht: Über das Einatmen brauchen Sie sich keine Gedanken zu machen. Das geschieht automatisch. Wichtig ist, dass Sie möglichst vollständig ausatmen. Wenn Sie das nicht tun, bleibt zu viel verbrauchte Luft in der Lunge – ein vollständiger Luftaustausch wird so verhindert und der Körper somit nicht mehr optimal mit Sauerstoff versorgt. Falls Sie doch eine Vorgabe brauchen, sollten Sie sich an folgende Tipps einer amerikanischen Studie halten. Die kommt zu dem Ergebnis, dass 45 bis 50 Atemzüge optimal sind. So abwegig ist diese Zahl nicht, wenn man bedenkt, dass das Ein- und Ausatmen immer mit dem Aufsetzen eines Fußes einhergeht. Es wurde festgestellt, dass die meisten der Probanden etwa vier Schritte zum Ein- und Ausatmen benötigen (bei einer Frequenz von 180 bis 200 Schritten pro Minute). Für welchen Rhythmus Sie sich entscheiden, bleibt Ihnen überlassen. Viel wichtiger ist die Frage, wie Sie Luft holen. Dafür gibt es zwei Möglichkeiten.

MUND- UND NASENATMUNG: die beste (und sinnvollste Regel), um die Lunge optimal mit Sauerstoff zu füllen. Durch die Nasenatmung wird die Luft leicht angewärmt. Als alleinige Sauerstoffaufnahme ist die Nasenatmung nicht ausreichend.

DIE BAUCHATMUNG: Falls Sie nur mit der Brust atmen, nutzen Sie nur einen Teil des Lungenvolumens. Die Bauchatmung hingegen reicht bis in die unteren Teile der Lungenflügel. So üben Sie die Technik:

1. Legen Sie sich auf den Rücken.
2. Positionieren Sie das «Bodyconcept Laufen»-Buch auf Ihrem Bauch.

3. Durch Einatmen das Buch anheben (Bauch raus), durch Ausatmen senken.

QUICK-CHECK: LAUFEN

Diese elf Schritte genügen, um ein besserer Läufer zu werden.

✓ **DER KOPF:** Nicht nach unten auf die Füße sehen. Halten Sie den Kopf so, dass Sie etwa zehn Meter voraus sehen.

✓ **DIE GESICHTSZÜGE:** Lassen Sie locker. Wenn Sie im Gesicht verkrampfen, kann sich die Spannung in anderen Körperteilen erhöhen.

✓ **DIE HÄNDE:** Ballen Sie die Hände zu einer offenen Faust. Die Daumen liegen ganz locker obenauf. Vorsicht: Wenn Sie die Hände fest verschließen, verkrampfen Sie im Nackenbereich.

✓ **DIE BEINE:** Am Anfang keine allzu großen Schritte machen, sonst ermüden Sie zu schnell. Besser ist es, die Schrittfrequenz zu erhöhen.

✓ **DIE ATMUNG:** Stellen Sie während des Laufens auf Bauchatmung um (versorgt den Organismus besser mit Sauerstoff).

✓ **DIE FUSSHALTUNG:** Versuchen Sie die Füße parallel zueinander aufzusetzen. Häufigster Fehler: Ein zu breitbeiniger Laufstil (das bringt den Körper ins Pendeln).

✓ **DAS AUFSETZEN:** Der ideale Punkt zum Aufsetzen liegt knapp vor dem Körperschwerpunkt (Lot von der Hüfte fällen).

✓ **DAS FUSSGELENK:** Das Katapult – es gibt beim Abdrücken vom Boden den Extra-Kick. Eine gute Übung zur Kräftigung: einbeinige Sprünge.

✓ **DER RUMPF:** Schieben Sie das Becken leicht nach vorn, sonst kommen Sie nicht in einen dynamischen und effektiven Laufrhythmus.

✓ **DIE ARME:** Die Arme sind im Ellenbogengelenk um 90 Grad angewinkelt, sie schwingen seitlich am Körper mit.
Tipp: Stärker nach hinten pendeln als nach vorn.

✓ **DIE SCHULTER:** Versuchen Sie den Oberkörper ruhig zu halten. Lediglich die Schultergelenke werden bewegt.

DIE WALKING-TECHNIK

Fangen wir mit den einfachen Fragen an.

Wer glaubt, Walken sei exklusiv für übergewichtige, amerikanische Frauen erfunden worden, der irrt. Von den zahlreichen positiven Effekten des Walkens können Männer genauso profitieren, selbst sportliche Männer – ja sogar Marathonis, die endlich einmal unter drei Stunden finishen wollen. Doch dazu später mehr.

WAS IST WALKEN?

Walken ist eine Form zügiger Fortbewegung, bei der
- immer ein Fuß den Boden berührt (Unterschied zum Laufen),
- über die gesamte Fußlänge zum Abdruck nach vorne abgerollt wird (Unterschied zum Spazierengehen),
- die Arme a) bewusst, b) kraftvoll und c) gegenläufig zur Beinbewegung eingesetzt werden (Unterschied zum Wandern).

Walken ist also anspruchsvoller als «schnelles Gehen».

IST WALKEN GENAUSO GESUND WIE LAUFEN?

Nein. Walken ist noch gesünder als Laufen. Es garantiert Ihnen alle gesundheitlichen Vorteile des Laufens – Stärkung von Bewegungsapparat, Kreislauf und Immunsystem, Abbau schädlicher Blutfette und Stresshormone –, ist aber weniger riskant für die Gelenke.

Läufer belasten die Gelenke bei jedem Aufprall mit dem Drei- bis Fünffachen ihres Körpergewichts. Die Gelenke des Walkers müssen lediglich das ein- bis eineinhalbfache Gewicht abfangen. Der Vorteil: Die Gelenke rächen sich seltener mit Schmerzen, die Bänder verschleißen nicht so schnell, und die Sehnen werden weniger beansprucht. Eine der größten amerikanischen Walking-Studien schließt mit dem Fazit: «Walking ist die Aktivität, die der perfekten Übung am nächsten kommt.»

WER SOLLTE WALKEN?

Wenn eines der folgenden vier Kriterien auf Sie zutrifft, sollten Sie das Walken unbedingt dem Laufen vorziehen.

1. Sie haben lange Zeit keinen Sport mehr betrieben. Ihr Herz-Kreislauf-System ist untrainiert und reagiert schon nach kurzer, mittlerer Anstrengung mit sehr hohen Pulswerten (über 150 Schläge pro Minute). Dann empfiehlt sich das Walken, weil Sie dabei die Belastung wesentlich feiner steuern können.

2. Ihr Body-Mass-Index (BMI) ist größer als 25. Den BMI errechnen Sie, indem Sie Ihr Körpergewicht in Kilogramm durch das Quadrat Ihrer Körperlänge in Metern teilen. Zum Beispiel: 80 Kilo und 1,75 Meter ergeben einen BMI von 80 : (1,75 hoch 2) = 26,1. Unser Beispielmann sollte also ausschließlich walken, bis er sein Körpergewicht auf 76 Kilo (BMI = 25) abgebaut hat. Wenn er anschließend zu joggen beginnt, muss sein Stützapparat pro Schritt 15 bis 20 Kilo weniger abfedern.

3. Beim Laufen schmerzen Hüfte, Knie, Sprunggelenk oder Rücken. Dann sollten Sie auch ohne Übergewicht zum Walken wechseln.

4. Sie neigen zu Krampfadern. Laufen verstärkt diese Tendenz, weil die hohe Aufprallenergie die Venen-Elastizität verringert.

Verbrennt dabei auch Fett?

Die Fettverbrennung ist nicht von der Art der Bewegung abhängig, sondern von der Belastungsdauer und ihrer Intensität. Am besten wirken lange Belastungen über 30 Minuten auf mittlerem Niveau. Weil ein 30-Minuten-Walk leichter durchzuhalten ist als ein 30-Minuten-Lauf, verlieren Walking-Einsteiger sogar mehr Kilos als Neu-Jogger, die vielleicht schon nach 15 Minuten aus der Puste sind.

Aber selbst im direkten Vergleich mit einem trainierten Läufer schneiden die Walker kaum schlechter ab. Bei gleicher Streckenlänge und einem sehr gemächlichen Tempo (Läufer 10 km/h, Walker 6 km/h) verbraucht der Läufer etwa 20 Prozent mehr Energie. Aber bereits bei einer Geschwindigkeit von nur 8 Kilometern pro Stunde, so eine Studie der Washington University in St. Louis, verbrennt der Walker mehr Fett als der gleich schnelle Läufer! Dieser überraschende Effekt steigt mit zunehmendem Tempo weiter an: Wer 10,5 km/h walkt, wandelt sogar 15 Prozent mehr Energie um als ein tempogleicher Läufer. Der Grund: Bei Geschwindigkeiten über 8 km/h ist Laufen die ökonomischere Bewegungsform. Das kann jeder für sich selbst testen, wenn er schrittweise versucht, schneller zu gehen. Wenn wir die Beine nicht dazu zwingen, in der Gehbewegung zu bleiben, werden sie bei 8 km/h automatisch in die Laufbewegung wechseln.

BRAUCHE ICH EINE SPEZIELLE AUSRÜSTUNG?

Weil Walken den Körper langsamer aufwärmt als Laufen, sollten Sie mit mehreren dünnen Bekleidungsschichten – natürlich aus atmungsaktiver Funktionsfaser – starten. Rinnt dann der Schweiß, können Sie die Jacke öffnen oder gegebenenfalls um die Taille binden.

Nichts spricht dagegen, die ersten Walking-Erfahrungen in konventionellen Laufschuhen zu sammeln. Wer jedoch Spaß am Walken gefunden hat und es mehrmals pro Woche tut, sollte sich dann spezielle Walking-Schuhe zulegen.

WIE UNTERSCHEIDEN SICH WALKING- VON LAUFSCHUHEN?

Diese Differenzierung, die auf den ersten Blick wie Geldschneiderei der Hersteller aussieht, erweist sich bei genauerem Betrachten als durchaus sinnvoll. Weil die Walkingbewegung eine andere ist als die des Laufens, stellen sich auch andere Anforderungen an eine perfekte Unterstützung. Hier die wichtigsten drei Unterschiede:

1. Die geringeren Aufprallkräfte erfordern eine geringere Dämpfung. Das erlaubt den Konstrukteuren, den Walkingschuh stabiler auszulegen.
2. Der Walkingschuh ist für einen Aufprall mit der Ferse konzipiert (Laufschuhe: Mittel- oder Vorfuß).
3. Der Läufer biegt die Sohle nur um etwa 35 Grad, bevor er sich abstößt. Der Walker stößt sich erst bei 45 Grad ab. Deshalb muss der Walkingschuh im Vorfußbereich flexibler sein und den Zehen mehr Raum lassen.

Welche Muskeln werden im Vergleich zum Laufen beansprucht?

Die richtige Walking-Technik aktiviert bei einem 75-Kilo-Mann 12 bis 15 Kilo Muskelmasse. Im Idealfall wirken dabei mit: der Kapuzen- und der breite Rückenmuskel (nicht so beim Laufen), der Bizeps (beim Laufen eher der Trizeps), die hintere und innere Oberschenkelmuskulatur (beim Laufen die vordere und hintere), die Waden- und Schienbeinmuskulatur (wie beim Laufen auch). Vor allem der im normalen Alltagsleben kaum geforderte Schienbeinmuskel kann am Anfang schon einmal mit Schmerzen protestieren.

Wie schnell sollte man walken?

Die Frage lässt sich für den Anwender eines Pulsmessers am einfachsten beantworten: Wenn Ihnen die Uhr nicht schon automatisch die ideale Trainingszone anzeigt, versuchen Sie, sich im Bereich von 65 und 75 Prozent der maximalen Herzfrequenz zu bewegen. Die wiederum können Sie in einem Belastungstest genau feststellen oder über die Formel 220 minus Lebensalter grob schätzen. Wer ohne elektronische Begleiter auskommen will, sollte mit einer Geschwindigkeit von 6 (unter 30 Jahre) oder 4 km/h (über 30 Jahre oder deutlich übergewichtig) beginnen. Suchen Sie sich dafür eine Strecke, die Sie per Fahrrad, Auto oder Karte als drei Kilometer lang vermessen haben. Geben Sie sich für die Strecke 30 Minuten (6 km/h) oder 45 Minuten (4 km/h) Zeit. Wer danach keine Schweißflecken hat, verkürzt das Zeitziel um fünf Minuten. Wer seine Klamotten auswringen kann, lässt sich fünf Minuten länger Zeit. Wie für jede Aktivität, die gesund und fit halten soll, gilt: Sie sollten sich im Anschluss besser fühlen als vorher. Übrigens: Geübte Walker können bis zu 11 Kilometer pro Stunde erreichen (schneller als viele Freizeitläufer!)

Wie steigert man sich richtig?

Steigern Sie zunächst die Dauer Ihres Walks von beispielsweise 15 (Untergrenze für Trainingseffekte) auf 25 Minuten. Steigern Sie dann die Häufigkeit Ihres Trainings: zum Beispiel von dreimal 25 Minuten wöchentlich auf zweimal 20 plus

zweimal 40 Minuten. Steigern Sie erst im dritten Schritt Ihr Tempo. Planen Sie dafür zunächst Belastungsphasen von 60 bis 90 Sekunden ein, gefolgt von ebenso langen Intervallen ruhigeren Schrittes. Die Anstrengung während der Belastung darf so hoch sein, dass Ihnen nur noch zwei Schritte pro Atemzug möglich sind. In Pulswerten ausgedrückt, entspricht das ungefähr 85 Prozent der maximalen Herzfrequenz.

WIE KANN MAN ALS REGELMÄSSIGER LÄUFER VOM WALKEN PROFITIEREN?

Läufer haben im Allgemeinen drei Ziele: Sie wollen schneller, länger und gesünder laufen können. Walken führt zu allen drei Zielen.

1. Um schneller laufen zu können, muss man schneller trainieren. Das ist banal, aber lästig. Tempotraining gehört bei den meisten Läufern zu den wenig geliebten Einheiten. Mit Walking-Pausen machen Sie es sich leichter: Diese sorgen zwischen den schnellen Phasen für eine aktive Erholung. Um den Effekt des 8 × 400-Meter-Trainings auf der Kunststoffbahn zu erreichen, empfehlen wir folgendes Training: vier Minuten laufen, und zwar eine Minute locker, zwei Minuten hart, eine locker und dann eine Minute walken.

2. Um länger durchhalten zu können, muss man den Körper im Training auch länger belasten. Das ist einfacher, wenn man von vornherein Walking-Pausen einplant. Wenn Sie zum Beispiel neun Minuten laufen und dann eine Minute walken, halten Sie einen langen Lauf (zum Beispiel in der Marathon-Vorbereitung) garantiert besser durch, als wenn Sie laufen.

3. Um gesünder laufen zu können, müssen Sie sich eine bessere Lauftechnik aneignen (oder Ihre gute Lauftechnik länger durchhalten). Erfahrungsgemäß leidet die Technik unter Ermüdung am schnellsten. Alternierende Walk-Runner bleiben koordinativ länger fit – und schonen schon deshalb ihre Sehnen, Bänder und Gelenke auch bei den Laufeinheiten.

Hilft walken beim Marathon?

Die 42,2 Kilometer verlieren mit Walking-Pausen ihren Schrecken. Und nicht nur das: Viele Läufer haben ihre Bestzeiten durch Walking-Pausen verbessert. Den optimalen Zeitgewinn haben Sie, wenn Sie Ihre Walking-Pausen (mindestens eine Minute) grundsätzlich an den Verpflegungsständen einlegen. Sie können dann bequemer und mehr trinken und geben Ihrem Körper mehr Zeit, das Wasser dorthin weiterzuleiten, wo es gebraucht wird. Wichtig ist, dass Sie frühzeitig mit den Pausen anfangen. Marathon-Einsteiger haben mit einem Zwei-zu-eins-Muster die beste Finisher-Chance (zwei Kilometer laufen, eine Minute walken). Ambitionierte dürften mit einem Fünf-zu-eins-Muster (fünf Kilometer laufen, eine Minute walken) wohl am ehesten ihre bislang persönliche Bestmarke unterbieten.

So funktioniert Nordic Walking

Walking mit Stöcken

Sauvakävely (so heißt Nordic Walking auf Finnisch) funktioniert wie Skilanglauf, nur ohne die Latten an den Füßen. Die Stöcke dienen im unwegsamen Gelände nicht nur als Balancehilfe, sondern verbessern durch gezielten Armeinsatz auch den Vortrieb. Zudem wird durch die skistockähnlichen Walking-Sticks der Körper um mindestens fünf Kilo entlastet – bei 30 Minuten ersparen Sie Ihrem Körper also rund 9000 Kilo Stoßbelastung (im Vergleich zum normalen Walken). Vorteil: geringeres Verletzungs- und Verschleißrisiko für Sehnen, Bänder und Gelenke (vor allem Knie und Wirbelsäule).

Die Vorteile

Walking-Einsteiger lassen oft aus Scham die Arme baumeln, um nicht von Läufern als Walker geoutet zu werden. Dadurch verliert das Training an Effektivität. Die Armmuskulatur – und damit auch der gesamte Oberkörper – bleiben passiv. Walking mit Sticks sorgt für den nötigen Armeinsatz, erhöht den Spaß und die Effektivität. Denn auch der Kalorienverbrauch steigt laut einer Studie des amerikanischen Cooper-Instituts um bis zu 46 Prozent an. Und das Beste daran: Dieses deutliche Plus stammt nicht aus einer Erhöhung der Intensität, sondern kommt allein durch den Stockeinsatz und die daraus folgende Einbeziehung der Oberkörpermuskulatur. Kilos killen, ohne sich zu verausgaben? Versuchen Sie es mit Nordic Walking!

DAS RICHTIGE EQUIPMENT

Für Nordic Walking brauchen Sie keine teure Ausrüstung. Wichtig sind lediglich die speziellen Walking-Sticks. Diese leichten Stöcke bestehen meistens aus Karbonfasern und sind mit einer speziellen Handgelenkschlaufe ausgestattet. Dadurch bleibt die Hand während der gesamten Bewegung perfekt am Griff positioniert. Die Armkraft wird somit optimal auf den Stock übertragen. Entscheidend ist die richtige Länge: Ihre Körpergröße multipliziert mit 0,7 ergibt das Idealmaß. Für den Einsatz auf Asphalt gibt es spezielle Spitzen, um den harten Aufprall zu minimieren.

Das zweite wichtige Sportgerät sind die Schuhe. Benutzen Sie am besten Trailschuhe oder halbhohe Trekkingstiefel. Die haben im Gegensatz zu herkömmlichen Laufschuhen ein griffigeres Sohlenprofil, eine Wasser abweisende Oberfläche und Verstärkungen an der Zehenbox (schützt, falls Sie mit Wucht an einen Stein poltern).

DIE RICHTIGE TECHNIK

Der spezielle Diagonalschritt beim Nordic Walking ist schnell erlernt. Denn im Prinzip funktioniert die Technik wie beim Skilanglauf (das ist auch der Grund, warum die Loipen-Profis alle im Sommer Nordic Walking betreiben).

Auf die folgenden Punkte kommt es an:

• Große Schritte machen. Das optimale Tempo beträgt etwa sieben bis acht Kilometer in der Stunde.

- Die Fußspitzen zeigen nach vorne, der Abdruck wird bewusst über die Zehen ausgeführt. Nicht vergessen: Ein Fuß behält beim Walking immer Bodenkontakt.
- Die Arme entgegengesetzt zur Beinbewegung bis auf Brusthöhe schwingen. Die Stöcke dabei eng am Körper führen.
- In der Pendelphase die Schulter- und Nackenmuskulatur locker lassen.
- Den rechten Stock gleichzeitig mit dem Aufsetzen der linken Ferse auf gleicher Höhe aufsetzen (und umgekehrt). Die Spitzen dabei fest in den Boden stemmen.
- Bei der Abdruckbewegung den Stock mit zirka zehn bis zwanzig Kilo belasten.
- Bewusst auf den Stockeinsatz achten. Der letzte Druck wird über die Schlaufe ausgeführt.
- Die Stockspitze sollte beim Einstechen nicht nach vorne zeigen (bremst unnötig), sondern nach hinten – dann können Sie sich besser abstoßen.

WICHTIG: Je bewusster Sie die Armbewegung ausführen, desto höher ist der Trainingserfolg.

Einsteiger, die am Anfang Schwierigkeiten mit der Kreuzkoordination haben, können die Arme auch pendeln lassen. Die Stöcke schleifen zwar dann über den Boden, aber mit dieser Methode funktioniert die Umstellung am schnellsten. Je sicherer Sie die Technik beherrschen, desto bewusster sollten Sie den Stockeinsatz ausführen.

DAS PERFEKTE TRAINING

Um die Ausdauer zu verbessern und die Fettpolster zu reduzieren, sollten Einsteiger mindestens zwei, besser drei halbstündige Trainingseinheiten pro Woche absolvieren. Ähnlich wie beim Laufen sollte das Tempo so gewählt werden, dass Sie sich noch locker dabei unterhalten könn(t)en. Die Herzfrequenz bewegt sich dann meistens zwischen 120 und 150 Schlägen pro Minute. Walker mit guter Ausdauer können auch ein spezielles Hügeltraining absolvieren, das sich hervorragend zur

Verbesserung der Kraftausdauer eignet. Ideal sind Stiche, bei denen der Puls auf 90 Prozent der maximalen Herzfrequenz ansteigen darf. *Tipp:* Wenn das Gefälle zu steil wird, können Sie auch auf Doppelstockeinsatz umstellen.

DAS IDEALE GELÄNDE

Am besten fürs Nordic Walking eignet sich welliges Gelände, das auch Einsteigern Abwechslung in der Belastungsintensität bietet. Bergauf kommen Sie mit großen Schritten zügig voran, bergab entlastet der Stockeinsatz den ganzen Körper. Wer noch mehr Abwechslung sucht, sollte sich einem der hundert Nordic Walking-Treffs anschließen – Infos dazu finden Sie unter www.nordicwalking.com.

QUICK CHECK: WALKING

Mit diesen zehn Walking-Tipps überholen Sie garantiert einige Läufer.

✓ **DIE SCHULTERN:** Die Schultern locker lassen, damit keine Verspannungen in der Nacken-, Schulter- und Rückenmuskulatur auftreten.

✓ **DER ELLBOGEN:** Winkeln Sie das Ellbogengelenk etwa 90 Grad an. Sie kräftigen so zusätzlich Bi- und Trizeps und verbrennen durch den dynamischen Armschwung bis zu zehn Prozent mehr Kalorien.

✓ **DIE ARME:** Schwingen Sie die Arme aktiv nach hinten. Ein kräftiger und schneller Armschwung sorgt auch für eine höhere Schrittfrequenz.

✓ **DIE SCHRITTFREQUENZ:** Während Einsteiger etwa 120 bis 130 Schritte pro Minute absolvieren sollten, schaffen ambitionierte Fitness-Walker bis zu 160! Zählen Sie daher regelmäßig Ihre Schritte.

✓ **DIE FÜSSE:** Die Fußspitze ist beim geraden Aufsetzen nach oben gezogen. Rollen Sie dann über die Außenkanten der Fußsohlen bis zu den Zehenspitzen ab. Drücken Sie sich dann am Ende der Bewegung nochmals kräftig ab.

✓ **DIE SCHRITTLÄNGE:** Aufrecht wie ein Skispringer aus dem Stand nach vorne neigen, bis Sie sich mit einem Fuß abfangen müssen. Die Entfernung der beiden Füße entspricht Ihrer individuellen Schrittlänge fürs Walking.

✓ **DIE HÜFTBEWEGUNG:** Der richtige Walkingschritt beginnt in der Hüfte. Mit Hilfe der Bauchmuskeln und des Hüftbeugers rotieren Sie die Hüftseite nach vorne und leiten somit den Vorwärtsschwung des Schrittbeins ein.

✓ **DIE HANDHALTUNG:** Die Finger sind leicht zur lockeren Faust geballt (der Daumen liegt obenauf). Sind die Hände fest verschlossen, können Verkrampfungen im Nackenbereich auftreten.

✓ **DER OBERKÖRPER:** Achten Sie darauf, dass Ihr Oberkörper aufgerichtet ist. So können Sie sich am besten auf die beim Walking verstärkte Atmung konzentrieren.

✓ **DIE KOPFPOSITION:** Halten Sie den Kopf immer in Verlängerung zum Oberkörper. Bei korrekter Position befinden sich die Ohren senkrecht über den Schultern.

DAS OPTIMALE LAUFREVIER

Richtig Laufen in der Stadt

Laufen in der Stadt bietet das optimale Aufwand-Nutzen-Wohlfühl-Verhältnis: kein Stress bei der Suche nach einem Parkplatz, keine eingeschränkten Öffnungszeiten und keine Eintrittspreise. Es spricht also einiges dafür, das Laufprogramm häufiger direkt vor der Haustür zu starten – auch wenn Sie meilenweit vom nächsten Park oder Wäldchen entfernt wohnen. Noch Fragen? Wir haben die Antworten.

Ist Laufen in der City ungesund?

Auch wenn die Schadstoffwerte auf der Laufrunde höher liegen: Ausdauertraining im niedrigen Intensitätsbereich hat immer einen positiven Effekt. *Tipp:* An Straßen mit Bäumen beziehungsweise Grünstreifen ist der Kohlenmonoxidgehalt laut Studien geringer.

Sind erhöhte Ozonwerte gefährlich?

Ozon führt nur bei wenigen Läufern zu Leistungseinbußen (nach neuesten Untersuchungen nur bei jedem siebten). Eine Studie der Uni München belegt sogar, dass sich durch Ozon die Lungenfunktion bei jedem fünften Sportler verbessert.

Soll ich abends oder morgens laufen?

Für den Sport nach Feierabend spricht der biologische Rhythmus des Menschen, denn die besten körperlichen Leistungen werden gegen 17 Uhr erreicht. Doch gerade in der Stadt haben Frühsportler die besseren Argumente – nämlich weniger Verkehr und sauberere Luft. Denn nachmittags werden in der City die höchsten Abgaswerte gemessen. Und bei Inversionswetterlagen (kein Austausch zwischen kalter und warmer Luft) entsteht mit zunehmender Sonnenstrahlung Smog.

Wie läuft man im Dunkeln sicher?

Prinzipiell sollten Sie nur auf ausgeleuchteten Strecken laufen, um auch kleine Unebenheiten wie beispielsweise eine Spurrille erkennen zu können. Ganz wichtig: Da Sie sich in der Dunkelheit mehr konzentrieren müssen als tagsüber, sollten Sie Ihren MP3-Player lieber zu Hause lassen. Denn die Musik lenkt ab und sorgt dafür, dass Sie wichtige Umgebungsgeräusche (Autos, Radfahrer, Warnsignale) zu spät wahrnehmen. Wenn Sie dann noch ein paar Euro in helle, reflektierende Kleidung investieren (eventuell eine leuchtende Sicherheitsweste), wird Ihnen so schnell nicht das Licht ausgeblasen.

Gibt es eine Lauf-Verkehrsordnung?

Sobald ein Gehweg vorhanden ist, müssen Sie ihn als Fußgänger – und das sind auch Läufer nach der Straßenverkehrsordnung – benutzen. Wenn man Sie auf der Straße oder dem Radweg erwischt, droht ein kleines Bußgeld. Falls es keinen Bürgersteig gibt, dürfen Sie natürlich auf der Straße laufen, zur Ihrer eigenen Sicherheit aber möglichst immer in Richtung des entgegenkommenden Verkehrs. Beim Überqueren einer Straße kann es nicht schaden, sich an die alte Kindergarten-Regel zu erinnern: erst links, dann rechts, dann geradeaus – so läuft man sicher und gesund nach Haus.

Was mache ich an einer roten Ampel?

Das Stoppsignal auf keinen Fall ignorieren. Zwar riskieren Sie Ihren Führerschein nicht (schlimmstenfalls werden Sie zur Verkehrserziehung geschickt), aber in jedem Fall Ihr Leben. Stretching bis zur Grünphase ist weniger gefährlich, trotzdem nicht empfehlenswert. Wenn Sie sich während der Belastung dehnen, ermüdet die Muskulatur schneller. Heben Sie sich umfassende Stretching-Übungen für die Cool-down-Phase im Anschluss auf. Die Lösung: Laufen Sie ein Stückchen zurück, bis die Ampel auf Grün umschaltet. Und bleiben Sie nicht tippelnd auf der Stelle stehen – das sieht einfach nur doof aus.

Wie finde ich eine gute Laufstrecke?

1. Planen Sie eine eigene Route: Achten Sie darauf, dass Ihr Laufrhythmus nicht durch ständige Richtungswechsel gestört wird. Um Fußgängerzonen sollten Sie einen Bogen machen – es sei denn, Sie wollen Ihr Kurventraining durch einen Oma-Slalom ergänzen. Vorsicht gilt auch bei nach außen geneigten Bürgersteigen: Wenn Sie ständig auf schrägem Untergrund

laufen, kann das zu Verletzungen führen (vor allem zu Ent-
zündungen der Knochenhaut des Schienbeins).

2. Schließen Sie sich einer Trainingsgruppe an, denn dort finden
Sie nicht nur Gleichgesinnte, sondern bekommen auch die
besten Infos über die besten Laufstrecken der Stadt (alle wichtigen Infos finden Sie unter www.lauftreff.de oder über ört-
liche Laufvereine, Kontaktadressen: www.dlv-sport.de)

WIE MESSE ICH MEINE LAUFSTRECKE AUS?

Falls Sie Ihre Wettkampfzeiten über fünf oder zehn Kilometer
verbessern wollen, müssen Sie regelmäßig Intervalltraining
betreiben. Und dazu brauchen Sie neben einer Stoppuhr auch
eine exakt vermessene Strecke. Der Haken dabei: Private Mar-
kierungen sind auf Gehwegen grundsätzlich nicht erlaubt.
Unser Tipp: Besorgen Sie sich einen Stadtplan, auf dem Sie
Ihre Laufstrecke genau einzeichnen. Mit einem Bike-Com-
puter fahren Sie dann die Strecke ab. Teilen Sie den Weg in
200- und 400-Meter-Abschnitte ein – anstelle der Pinselstri-
che auf dem Asphalt dienen Ihnen zum Beispiel Briefkästen,
Hausnummern oder auch Bäume als Streckenmarkierungen.
Keine Bange: Je öfter Sie die Strecke laufen, desto besser können Sie sich die Abstandhalter merken.

WO KANN ICH OHNE AUTO-BEHINDERUNG LAUFEN?

In den Grünanlagen und Parks in praktisch allen großen
Städten. Und in den Innenstädten. Allerdings nur zu ganz wenigen Terminen: als Teilnehmer an einem Stadtmarathon
oder Citylauf. Die schönsten deutschen Marathons finden in
Berlin (Ende September) und in Köln (Anfang Oktober) statt.
Der mit Abstand faszinierendste Marathon geht Anfang No-
vember in New York über die Bühne.

Gegen Kacke an der Hacke

Knapp 500 000-mal pro Tag verrichten beispielsweise in Berlin Hunde ihre großen Geschäfte. Auf den Gehwegen sind die Tretminen noch gut zu erkennen. Aufpassen sollten Sie vor allem beim Durchlaufen von Straßenbegleitgrün. Und natürlich nachts: Laufen Sie in der Gehsteigmitte. Denn die meisten Hundehaufen werden entweder an der Hauswand oder an der Bordsteinkante abgelegt. Falls Sie trotz aller Vorsicht in einen getreten sind: Hundekacke ist wasserlöslich. Streifen Sie die Schuhsohle umgehend an der Bordsteinkante ab und schaben Sie dann mit einem Stock den Dreck aus dem Profil. Den Rest entfernen Sie später mit einem Dampfstrahler.

Der perfekte Untergrund

Um es gleich vorwegzunehmen: Laufen auf Asphalt zerstört weder Knochen noch Gelenke. Verglichen mit einem Feldweg laufen Sie auf ebener Asphaltstrecke sogar wesentlich sicherer, entspannter und effizienter. Für Läufer mit Achillessehnenbeschwerden ist der ebene Laufuntergrund sogar ideal, da Sie die Abrollbewegung der Füße dort viel besser kontrollieren können.

Übrigens: Im Gegensatz zum absolut starren Beton gibt der Asphalt durch seine elastischen Bitumen-Komponenten ein bisschen nach und ist damit knieschonender. Wenn Sie die Wahl haben zwischen zementierten Gehwegplatten auf der einen und einem asphaltierten Fußgängerweg auf der anderen Straßenseite, sollten Sie sich immer für Letzteren entscheiden.

QUICK-CHECK:
VERSCHIEDENE UNTERGRÜNDE

- ✓ **ASPHALT:** Laufen auf Asphalt ist gesund. Durch den ebenen Untergrund ist sicheres Laufen garantiert. *Tipp:* Je dunkler der Bodenbelag, desto besser wird der Aufprall absorbiert.
- ✓ **FELD- UND WALDWEGE:** Die Dämpfung ist besser als auf Asphalt, die Verletzungsgefahr durch lose Steine allerdings größer. Für Attraktivität und Naturerlebnis gibt's einige Pluspunkte. Hier macht das Laufen ruck, zuck süchtig!
- ✓ **GRAS:** Optimaler Untergrund zum entspannten Barfußlaufen. Ideal auch zum Auslaufen nach einem Run auf Asphalt: Fünf Minuten reichen für die Turbo-Massage.
- ✓ **KUNSTSTOFFBAHN:** Sehr eintönig, wirkt auf Einsteiger darum auch eher abschreckend. Für ambitionierte Sportler eine gute Alternative, um effektiver zu trainieren.
- ✓ **LAUFBANDTRAINING**: Draußen regnet es, und Sie haben trotzdem Lust auf Laufen? Dann ab auf das Laufband! Eine Studie der amerikanischen Ohio State University zeigt, dass eingeschobenes Laufband-Training vor Achillessehnen-Verletzungen schützt. Um einen ähnlichen Trainingseffekt wie an der frischen Luft zu erzielen, stellen Sie am Gerät die Steigung auf 1,5 Prozent ein, um den Luftwiderstand zu simulieren.

Perfekter Ausgleich:
Trailrunning

DAS LAUFTRAINING

Im Herzen liegt die Kraft

Dem wichtigsten Muskel im Körper sieht man nicht an, wie gut er trainiert ist. Er zählt nicht zu den typischen Merkmalen einer athletischen Figur – und in keinem Fitnessstudio dieser Welt steht ein Gerät, an dem man ihn so isoliert trainieren kann wie zum Beispiel den Bizeps an der Bizepsmaschine. Das ist irgendwie ungerecht, denn dieser Muskel verdient allen Respekt: Er absolviert pro Jahr durchschnittlich 40 Millionen Wiederholungen ohne Pause und ohne Anzeichen von Müdigkeit. Jedenfalls im Normalfall. Bei mangelnder Beachtung rächt er sich bitter: Wenn der Herzmuskel ins Stottern kommt, geht es dem gesamten Organismus schlecht.

Weil der Puls so sensibel reagiert, eignet er sich auch als Frühwarnsystem. Infekte kündigen sich zum Beispiel über eine Erhöhung der Ruhe-Herzfrequenz meistens frühzeitiger an als über die Körpertemperatur. Wer dann dem Immunsystem mit einigen Ruhetagen die Chance gibt, den Erreger zu bekämpfen, erspart sich lästige Fiebertage. Es lohnt sich also, dem Herzmuskel ein bisschen mehr Beachtung zu schenken.

Am wohlsten fühlt er sich, wenn er gefordert wird. Arbeitet er effektiv, funktioniert auch der Stoffwechsel perfekt, Nährstoffe werden optimal verwertet und Stresshormone abgebaut. Wer sich regelmäßig bewegt, lebt mit einem um 50 Prozent verringerten Herzinfarktrisiko. Gut zu wissen. Herz-Kreislauf-Erkrankungen sind hierzulande schließlich die häufigste Todesursache.

Wir können unser Herz zwar durch gesunde Ernährung, ausreichenden Schlaf und Verzicht auf die Alltagsdrogen Kaffee, Nikotin und Alkohol schonen. Leistungsfähiger wird das Herz aber nur, wenn es durch sportliche Anstrengung dazu gezwungen wird, mehr Blut zu transportieren. Zunächst wird es häufiger schlagen (hoher Puls), bei regelmäßiger Belastung aber allmählich auch kräftiger: Im Lauf der Zeit braucht das Herz immer weniger Schläge, um das Blut in Wallung zu halten.

Nicht jeder Impuls für eine höhere Herzfrequenz führt zu dieser gewünschten Anpassung: Schlafmangel, Stress, fettreiche Ernährung oder die bereits erwähnten Alltagsdrogen lassen die Pumpe zwar schneller schlagen, haben aber keinen Trainingseffekt. Der stellt sich nur ein, wenn mindestens ein Sechstel der Körpermuskulatur mitwirkt. Körperliche Anstrengung allein ist allerdings noch keine Garantie für ein effektives Training. Entscheidend sind das richtige Maß und die richtige Mischung von leichten und schweren Trainingseinheiten. Was speziell für Sie ideal ist, verrät Ihnen Ihre Herzfrequenz. Das auf dieser Überlegung aufbauende Konzept des pulskontrollierten Trainings ist der beste Weg zu einem maßgeschneiderten Laufprogramm.

DER PULS ALS PERSÖNLICHER TRAINER

Die Methode des pulskontrollierten Trainings ist im Leistungsbereich nicht mehr wegzudenken. Spitzensportler verlassen sich schon lange nicht mehr auf ihr Gefühl, sondern orientieren sich in Training und Wettkampf an ihrer Herzfrequenz. Das Ergebnis – bessere Leistungen in kürzerer Zeit mit weniger Anstrengung – kann sich jeder zunutze machen, ob er nun der Weltjahresbestzeit oder seinem Idealgewicht hinterherjagt. Neben der maßgeschneiderten Belastung bietet das pulsorientierte Training den großen Vorteil einer gesunden Erfolgskontrolle. Wer ohne Herzfrequenzmesser arbeitet, kann seine Fortschritte nur in Form von Bestzeiten feststellen, muss sich dafür also bis an die Grenze verausgaben. Wer dagegen seinen Puls beobachtet, kann sich viel bequemer über Trainingseffekte informieren.

Zum Beispiel über den Ruhepuls: Schon nach wenigen Wochen Training wird Ihr Herz weniger Schläge brauchen, um das Blut Ihres ruhenden Körpers zu bewegen. Den Ruhepuls messen Sie noch im Bett liegend sofort nach dem Aufwachen. Der Wert wird nicht jeden Tag gleich sein: Unruhiger Schlaf, eine späte Mahlzeit am Vortag oder eine beginnende Krankheit können ihn vorübergehend nach oben treiben. Die Spanne für den Ruhepuls liegt zwischen 100 (Untrainierter) und unter 40 Schlägen pro Minute (Leistungssportler). Auch der Erholungspuls ist ein Indikator für Trainingserfolge: Er wird zwei Minuten nach Ende der sportlichen Aktivität gemessen. Je besser Sie trainiert sind, desto schneller sinkt er ab. Alles, was Sie für eine Kontrolle des Pulses brauchen, ist ein Herzfrequenzmesser (z. B. von Polar). Die beiden nächsten Schritte – die Bestimmung Ihrer maximalen Herzfrequenz (Hfmax) und die wichtigsten Trainingsbereiche – stellen wir Ihnen nun vor, so einfach wie möglich.

So ermitteln Sie Ihre maximale Herzfrequenz

Fühlen Sie sich gut trainiert und absolut gesund, dann können Sie Ihre Hfmax selbst ermitteln: Dazu sollten Sie ausgeruht sein und die letzte Mahlzeit vor mindestens drei Stunden eingenommen haben. Die Summe aus Temperatur (in Grad Celsius) und Luftfeuchtigkeit (in Prozent) sollte unter 100 liegen. Laufen Sie nach einer ausreichenden Aufwärmzeit mindestens zehn Minuten lang im lockeren Tempo. Versuchen Sie dann, über zwei Minuten so schnell wie möglich zu laufen. Der Puls, den Sie am Ende dieser Zeit messen, ist Ihre persönliche Hfmax. Brechen Sie den Test bei Brustschmerzen oder Atembeschwerden sofort ab. Schonender, aber mit einer Fehlerabweichung von 10–15 Schlägen nach oben und unten, ist die rechnerische Ermittlung. Am sinnvollsten für die Bestimmung der maximalen Herzfrequenz ist die Formel: «220 minus Lebensalter».

Mit Hilfe Ihrer Hfmax können Sie nun auf einfache Weise Ihre ideale Zielzone ermitteln. Das ist der in Herzschlägen gemessene Belastungsgrad, der Sie am schnellsten und effektivsten zu Ihrem Trainingsziel führt.

Die wichtigsten Trainingsbereiche

1. Gesundheitszone

Die Gesundheitszone ist der Bereich, der etwa bei 60 bis 70 Prozent der maximalen Herzfrequenz (Hfmax) liegt. Sie ist einer der wichtigsten Trainingsbereiche und für Einsteiger der ideale Ausgangspunkt zur weiteren Leistungsentwicklung. Hier wird das Herz-Kreislauf-System ohne Überforderungsgefahr gestärkt. Die Belastung wird als leicht empfunden, sollte aber später nach einem vorsichtigen Konditionsaufbau mindestens 45 bis 60 Minuten lang durchgehalten werden. Im Fortgeschrittenen-Bereich wird Training in dieser Zone über kürzere Zeiträume von etwa 20 Minuten auch zur aktiven Erholung genutzt.

2. Fettverbrennungszone

Wenn Sie in einem Bereich zwischen 70 und 80 Prozent Ihrer Hfmax trainieren, wird Ihr Körper nach etwa 30 Minuten hauptsächlich auf seine Fettreserven zurückgreifen. Diese Belastungsintensität empfiehlt sich, wenn man überflüssige Pfunde loswerden will. Je häufiger man in dieser Zone trainiert, umso besser lernt der Körper, Fett rasch und in größeren Mengen zu verbrennen. Der Belastungsgrad ist so gehalten, dass Sie sich danach nicht erschöpft, sondern entspannt fühlen. Die Gefahr, sich durch Übertraining zu schaden, besteht selbst dann nicht, wenn Sie im trainierten Zustand jeden Tag eine Stunde lang in dieser Zone laufen würden.

3. AEROBE-ANAEROBE ÜBERGANGSZONE

Anstrengungen im Pulsbereich zwischen 80 und 85 Prozent der Hfmax – hier werden relativ mehr Kohlenhydrate als Fett verbrannt – sind das beste Training sowohl für das Herz als auch für das Atmungssystem. Die Sauerstoffversorgung der Muskulatur und die Ausdauer verbessern sich. Schon nach einigen Wochen können Sie beispielsweise die gleiche Strecke mit weniger Krafteinsatz und in kürzerer Zeit laufen. Die Belastung wird Ihnen mäßig anstrengend erscheinen und Ihren Atemrhythmus beschleunigen, aber nicht zu Atemnot führen. Trainieren Sie anfangs nicht häufiger als dreimal pro Woche in diesem Bereich und nicht länger als 60 Minuten.

4. ANAEROBE SCHWELLENZONE

In dem Intervall von 85 bis 90 Prozent der Hfmax sollten sich Gesundheitssportler nicht länger als wenige Minuten bewegen. Hier wird der Stoffwechsel dazu erzogen, Milchsäure zu verarbeiten. Das ermöglicht dem Körper, hohe Belastungen länger durchzuhalten. Subjektiv wird das Training in dieser Zone als sehr hart, schmerzhaft, erschöpfend und atemraubend empfunden. Leider trainieren gerade Freizeitsportler zu oft in dieser Zone. Unsere westeuropäische Mentalität ist auf Leistung programmiert. Dem liegt die falsche Annahme zugrunde, nur durch Erschöpfung ließen sich Steigerungen erzielen. Das ist der Grund, warum so viele Männer wieder aufhören, Sport zu treiben. Sie meinen: Heute bin ich nicht fit genug zum Laufen, Schwimmen etc., statt sich zu sagen: «Ich werde mich hinterher deutlich fitter fühlen.»

5. DIE WARNZONE

Wird der Puls beim Training auf über 90 Prozent der maximalen Herzfrequenz getrieben, verbrauchen die Muskeln mehr Sauerstoff, als der Körper zur Verfügung stellen kann (anaerober Bereich). Das Blut übersäuert, und man ringt nach Luft. Auf Ausdauerleistungen hat dieser Bereich keinen Effekt. Profitieren können davon nur Profi-Sportler, die ihre

Fast-Twitch-Muskulatur verbessern wollen (zum Beispiel Sprinter und Mittelstreckenläufer). Für jeden anderen Freizeitsportler ist diese Zone gefährlich und kann sogar zu rückläufigen Trainingseffekten führen.

FÜR PROFIS: DER LAKTATTEST

Aus dem Hochleistungssport kommt die aufwendigere Form der Trainingssteuerung: die Steuerung der Trainingsbelastung über den Puls und die Laktatkonzentration (Milchsäurekonzentration) im Blut.

Die Methode ist eigentlich ganz einfach. Während des Laufens wird der Puls gemessen, um unmittelbar Informationen über die Belastung des Herz-Kreislauf-Systems zu erhalten. Die Messung des Laktats zeigt uns die Belastung des Stoffwechsels an, und die ist für uns entscheidend.

Laktat ist ein Abfallprodukt und entsteht in Ihrem Körper, wenn Ihr Organismus Kohlenhydrate zur Energiegewinnung heranzieht. Kohlenhydrate sind sehr einfach und sehr schnell zu verbrennen. Im Prinzip eine Art Super bleifrei für Ihren Motor. Die Kohlenhydrate kommen zum Einsatz, wenn Ihr Körper in kurzer Zeit sehr viel Energie benötigt, also wenn Sie schnell laufen.

Besonders in solchen Fällen, in denen Ihre Atmung nicht mehr für ausreichenden Sauerstoff zur Verbrennung sorgen kann. Wenn Sie sich beim Laufen quälen müssen und es anfängt, so richtig wehzutun. Jetzt entsteht im Muskel dieser Milchsäureüberschuss, den wir messen können.

Im Ausdauerlauf soll unser Organismus aber nicht auf Kohlenhydratverbrennung, sondern auf Fettverbrennung eingestellt getrimmt werden. Fettverbrennung heißt: Ihr Körper nutzt Fette, genauer Fettsäuren, zur Energiegewinnung. Und das ist nur bei ausreichender Sauerstoffversorgung im Training und Wettkampf möglich.

Wer zu schnell läuft und sich quält, hat nicht genügend Sauerstoff zur Energiegewinnung zur Verfügung, die Milchsäurekonzentration steigt an, und Sie können Ihre Ausdauer nicht verbessern.

Leider spielt die Natur hier dem leistungsorientierten Mann einen gemeinen Streich. Denn nicht wer möglichst schnell, sondern wer möglichst exakt in seinem individuellen Trainingsbereich läuft, erreicht am schnellsten seine Laufziele. Wer es ganz genau wissen will, aber auch wer völlig untrainiert oder älter als 35 Jahre ist, sollte einen so genannten Stufentest bei einem Institut für Leistungsdiagnostik machen. Die Kosten für den Test – zwischen 100 und 200 Euro – werden von einigen Krankenkassen übernommen. Neben Ihrem Maximalpuls erfahren Sie dabei Ihre Sauerstoff-Aufnahmefähigkeit und die Laktatkonzentration im Blut bei ansteigender Belastung.

LAKTATTEST – SO MACHEN ES DIE PROFIS

Beim Laktattest läuft man bestimmte Streckenabschnitte, zum Beispiel 1000 Meter oder 2000 Meter, mit ansteigenden Herzfrequenzen und damit auch schnellerem Tempo. Sofort nach der Teilstrecke (1000 Meter) wird Laktat gemessen. Während der Belastung wird die Herzfrequenz kontinuierlich gemessen. Sie erhalten unmittelbar Aufschluss, bei welchem Puls eine bestimmte Laktatkonzentration im Blut vorliegt. Dann trägt man sowohl Puls (linear ansteigende Gerade) und Laktat (ansteigende Kurve) in ein Diagramm ein. Aus dem Diagramm lässt sich dann sehr einfach der richtige Puls am Laktat abgleichen.

Sie sehen aber auch an dem Diagramm, dass mit zunehmender Herzfrequenz die Laktatkurve fast senkrecht ansteigt. Jeder Herzschlag, der den geplanten Trainingsbereich verfehlt, bringt Sie meilenweit von Ihrem Trainingsziel weg.

DESHALB: Auch wenn es mal beim Laufen bergauf geht, beobachten Sie Ihren Herzfrequenzmesser argwöhnisch und nehmen Sie bewusst Tempo raus. Selbst wenn Ihre Laufpartner mitleidig grinsen. Wer zuletzt lacht, lacht am besten.

QUICK-CHECK: DIE FÜNF TRAININGSGEBOTE

✓ 70 PROZENT LOCKER

Um sportliche Höchstleistungen zu erzielen, müssen Sie ruhig und vor allem locker trainieren. Ambitionierte Freizeitläufer mit einem Wochenpensum von zehn Stunden sollten ungefähr 70 Prozent ihrer Zeit im Grundlagenausdauerbereich trainieren. Das heißt: Die körperliche Belastung sollte bei etwa 70 Prozent der maximalen Herzfrequenz liegen.

✓ UM 10 PROZENT STEIGERN

Jeder Läufer hat einen eigenen Trainingsrhythmus. Und jeder Körper hat nur begrenzt Reserven für Ausdauer, Kraft und Schnelligkeit. Auch wenn Ihr Lauf-Kumpel locker vorbeizieht – bleiben Sie konsequent bei Ihrer Marschroute. Steigern Sie sich pro Woche nur um maximal zehn Prozent. Überlegen Sie sich vor dem Training, ob Sie Umfang, Belastung oder Geschwindigkeit erhöhen wollen. Alles auf einmal zu steigern, verursacht Übertraining und kann zu Verletzungen führen.

✓ RUHETAGE EINLEGEN

Natürlich können Sie jeden Tag Sport treiben. Achten Sie allerdings auf ausreichend Regeneration der jeweils am stärksten beanspruchten Muskelgruppen. Für Grundlagenausdauer-Einheiten bis zu einer Stunde gilt die Regel: kein Trainingsverbot am nächsten Tag. Erst wenn Intensität und Umfang gesteigert werden, sollten Sie einen Ruhetag einlegen. Und zwischen reinen Krafteinheiten sollten 48 Stunden Pause liegen.

✓ NEUE REIZE SETZEN

Kontinuität ist gut, Abwechslung ist besser. Um Ihren Körper zu motivieren und um körperliche Bestleistungen zu liefern, müssen Sie ihn mit neuen und überraschenden Trainingsreizen konfrontieren. Treiben Sie daher regelmäßig Sport in der

Gruppe. Das wirkt nicht nur der sozialen Isolation eines Aus-
dauersportlers entgegen, es hilft auch, den eigenen Leistungs-
stand zu beurteilen. Laufen Sie Ihre Trainingsrunde nicht immer
in der gleichen Richtung. Planen Sie auch neue Trainingseinheiten ein. Zum Beispiel Intervall-Training oder Koordinationsübungen.

✓ DEHNEN UND KRÄFTIGEN

Auch wenn Sie lediglich nur eine halbe Stunde Zeit zum Trainieren haben – stretchen Sie regelmäßig nach jeder Übungseinheit
die betroffenen Muskelpartien. Und zwar nicht bis zur Schmerz-
grenze, sondern behutsam. Im «Kaltstart», also vor dem Sport,
bringen Dehnübungen nichts. Im Gegenteil. Um Verletzungen
zu vermeiden, sollten Sie sich lieber ruhig einlaufen. Um späte-
ren Haltungsschäden vorzubeugen, müssen Sie unbedingt
parallel zu Ihrem Ausdauertraining ein zusätzliches Muskel-
Workout einführen. Es reichen ja bereits zweimal die Woche
ungefähr 30 Minuten Stabilisationsübungen für die Rumpf- und
Stützmuskulatur. Und vergessen Sie dabei vor allem die Bauchmuskeln nicht!

Nur mit einem starken
Rumpf können Sie kräf-
tige Schritte machen.

DAS EINSTEIGER-TRAINING

DIE ERSTEN SCHRITTE

Läufer denken notorisch positiv und können die schönsten
Geschichten erzählen. Über einsame Waldpfade, die morgendliche Ruhe und glanzvolle Lichtstimmungen – nicht nur bei
Sonnenaufgang. Natürlich preisen sie auch die gesundheitlichen Vorteile ihres Sports an, wie purzelnde Pfunde und verbesserte Ausdauer. Oder sie berichten von genialen Einfällen.
Es gibt Läufer, die treffen ihre Traumfrau bei diesem Sport.
Über die Kehrseite der Medaille sprechen sie aber nie. Laufen
kann nämlich sehr langweilig sein und, wenn man es falsch
macht, auch zu langwierigen Verletzungen führen.
Die meisten Einsteiger lernen leider zuerst die Kehrseite kennen. Die guten Vorsätze, die hoffnungsvollen Entschlüsse
scheitern nach einigen Wochen der Eintönigkeit oder enden
mit einem lädierten Knie.
Beides ist selbstverständlich vermeidbar. Denken Sie nur an
Marathon-Profis: Die laufen über 200 Kilometer die Woche
und motivieren sich für dieses Pensum immer wieder durch
abwechslungsreiche Trainingseinheiten.
Damit Sie mit mehr Freude laufen, haben wir Ihnen auf den
kommenden Seiten nicht nur die häufigsten Einsteiger-Fragen
zusammengestellt, sondern auch Trainingspläne für drei
unterschiedliche Leistungsstufen.
Die Trainingsprogramme dauern jeweils drei Monate und sind
nach dem Stufensystem zusammengestellt. Wenn Sie also im
ersten Level einsteigen, können Sie nach drei Monaten in den
zweiten und nach einem weiteren Vierteljahr in den dritten
Level wechseln.

- ## WANN SOLL ICH AM BESTEN LAUFEN?

Eigentlich gibt es hierauf nur eine vernünftige Antwort: Es ist
egal, wann Sie laufen, Hauptsache Sie tun es. Ihr Körper gewöhnt sich bei regelmäßiger Belastung an nahezu jede mögliche und unmögliche Laufzeit. Von 5 Uhr morgens bis zum
Entspannungsläufchen nachts um 24 Uhr.

Unser Tipp: Laufen Sie gleich nach dem Aufstehen. Neuere Studien belegen, dass der Körper morgens besser auf die Fettverbrennung eingestellt ist als abends. Am Morgen liegt die letzte Nahrungsaufnahme etwa sechs bis zehn Stunden zurück. Der schnell zur Verfügung stehende Zuckeranteil im Blut aus der Resorption der Nahrung ist reduziert. Die Energie muss deshalb aus den Depots geholt werden, wo Fette ja meist reichlich vorhanden sind und abgebaut werden können. Wer sich beim morgendlichen Sport mit nüchternem Magen nicht wohl fühlt, sollte vorher eine Apfelsaftschorle trinken oder eine Banane essen. Aber auf keinen Fall mehr! Außerdem schafft so eine Runde Frühsport ein Hochgefühl, das den ganzen Tag anhält. Und abends brauchen Sie keine Ausreden mehr. Je eher das morgendliche Laufen zur Routine wird, desto leichter kommen Sie auch aus dem Bett.

- ### Kann ich bei jedem Wetter laufen?

  Es gibt kein schlechtes Wetter, bloß schlechte Kleidung – und erkälten werden Sie sich beim Laufen bestimmt nicht, wenn Sie die Bekleidungstipps im Kapitel «Die perfekte Ausstattung» beachten. Denn im Gegensatz zum Radfahren bleibt beim Laufen die vom Körper gefühlte Temperatur konstant. Und kleiden Sie sich immer für den dritten Kilometer: Wenn Sie beim Loslaufen leicht frösteln, sind Sie optimal gekleidet.

- ### Wie lange sollte ich beim ersten Mal laufen?

  Der wichtigste Grundsatz für alle Einsteiger: Verausgaben Sie sich nicht bei Ihren ersten Schritten. Sonst finden Sie Laufen anstrengend und bleiben nicht bei der Sache. Nehmen Sie sich darum nicht vor, möglichst lange an einem Stück zu laufen, dann werden es sicher nur 500 Meter. Am besten, Sie halten sich an unseren Trainingsplan (Level I), dann klappt der Neustart garantiert.

  Falls Sie es eiliger haben: Traben Sie langsam los, und zwar bis der rechte Fuß zehnmal den Boden berührt hat. Danach folgt eine Gehpause, die auch zehn Schritte lang ist. Nun 20 Schritte laufen, anschließend 20 Schritte Pause. Das ganze

Programm auf 60 Lauf- und Gehschritte erweitern. Danach geht es im gleichen Rhythmus zurück, bis Sie wieder bei zehn Schritten angelangt sind. Wenn das Programm vorbei ist, waren Sie zirka zehn Minuten unterwegs (und können noch prima atmen).

• **WIE SCHNELL SOLL ICH LAUFEN?**

Wenn Sie Lauf-Einsteiger sind, wird Ihr Körper bestimmt einige Tage brauchen, um sich auf die ungewohnte Belastung einzustellen. Deshalb sollte Ihnen das Tempo zu diesem Zeitpunkt egal sein. Wichtiger ist, dass Sie sich nicht überanstrengen. Eine gute Formel ist der «Plaudertest». Man sollte imstande sein, sich mit einem Laufpartner zu unterhalten, egal, ob wirklich einer mitläuft oder ob man nur so tut, als sei einer da. Zwar brauchen Sie nicht Schillers «Glocke» flüssig aufsagen können, aber mehr als ein Zweizeiler muss es bitte schön sein. Wenn das nicht mehr geht, wird (oder ist) die Anstrengung zu groß.

• **MUSS ICH MICH AUFWÄRMEN?**

Bevor Sie mit dem Laufen beginnen, müssen Sie sich in jedem Fall aufwärmen. Nicht nur, um Verletzungen zu vermeiden, sondern auch, um den Kreislauf und die Muskeln auf Betriebstemperatur zu bringen. Die einfachste und beste Methode: vor dem eigentlichen Laufprogramm drei bis fünf Minuten walken. Atmen Sie dabei tief durch den Mund ein und aus. Auch wenn Sie dies lächerlich finden, denn besonders beim morgendlichen Nüchternlauf sind Ihre Gelenke steif, und Ihre Muskulatur ist nicht auf Belastungen vorbereitet.

Jede Wette, schon nach kurzer Zeit werden Sie spüren, wie sich Muskulatur, Stütz- und Bewegungsapparat koordinieren und einspielen.

Beginnen Sie dann, Fußgelenke, Knie, Hüfte, Handgelenke, Ellenbogengelenke und Schultern ganz leicht durchzubewegen.

Ausdauer-Test für Einsteiger

Wie gut ist Ihre Ausdauer?

Um herauszufinden, wie gut es um Ihre Ausdauer bestellt ist, sollten Sie den folgenden Walking-Test durchführen. Der vom finnischen Sportwissenschaftler Urho Kekkonen (Institute for Health Promotion Research in Tampere) entwickelte Test eignet sich hervorragend zur Bestimmung Ihrer aeroben Ausdauerfähigkeit.

Um ihn durchzuführen, brauchen Sie eine exakt abgemessene Strecke, einen Pulsmesser und eine Stoppuhr. Ganz wichtig: Damit das Test-Ergebnis nicht verfälscht wird, müssen Sie korrekt walken – blättern Sie dazu sicherheitshalber nochmals im Kapitel «Die Walking-Technik» nach.

So funktioniert's: Suchen Sie sich eine zwei Kilometer lange Strecke. Ideal ist dazu eine 400-Meter-Kunststofflaufbahn, die Sie fünfmal absolvieren müssen. Walken Sie mit kräftigem Armeinsatz und achten Sie darauf, dass immer ein Fuß auf dem Boden bleibt.

Die Messwerte:

- Walkingzeit für die zwei Kilometer in Minuten und Sekunden;
- der Belastungspuls nach den zwei Kilometern;
- der Body-Mass-Index (BMI): Das Körpergewicht in Kilogramm wird durch das Quadrat der Körpergröße in Meter geteilt. Rechenbeispiel: 75 kg : (1,87 m × 1,87 m) = 21,45;
- Ihr Lebensalter.

Mittels dieser Formel bestimmen Sie einen Leistungsindex, der Ihnen einen passenden Trainingsplan zuweist.

1. Berechnen und addieren Sie folgende Einzelwerte

Gehzeit in Minuten	____	× 11,6	=	____
Gehzeit in Sekunden	____	× 0,2	=	____
Belastungspuls	____	× 0,56	=	____
Body-Mass-Index	____	× 2,6	=	____
(Zwischensumme)				____

2. Subtrahieren Sie von dieser Summe

Alter (in Jahren)	____	× 0,2	=	____
(Zwischensumme)				____

3. Subtrahieren Sie von   420
die Zwischensumme   – ____

Walking-Test-Index   _____

AUSWERTUNG

Walking-Test-Index	**Hier sollten Sie trainieren**
Bis 89 Punkte	Level 1: Das Einsteigertraining
Bis 110 Punkte	Level 2: Training für Fortgeschrittene
Ab 111 Punkte	Level 3: Das Dauerläufertraining

BIS 89 PUNKTE: DAS EINSTEIGERTRAINING

Ihr Trainingsplan ist eine Mischung aus Walking und langsamem Laufen. In den ersten vier Wochen werden Ihre Muskeln und Ihr Kreislauf ideal an die Belastung gewöhnt. So werden Sie step by step zum Ausdauerläufer.

Woche 1:

5 Minuten walken, 5 × 2 min laufen und 1 min walken

5 Minuten walken, 6 × 2 min laufen und 1 min walken

Woche 2:

5 Minuten walken, 5 × 3 min laufen und 1 min walken

5 Minuten walken, 6 × 3 min laufen und 1 min walken

Woche 3:

5 Minuten walken, 4 × 4 min laufen und 1 min walken

5 Minuten walken, 5 × 4 min laufen und 1 min walken

Woche 4:

5 Minuten walken, 4 × 5 min laufen und 1 min walken

5 Minuten walken, 5 × 5 min laufen und 1 min walken

Woche 5:

5 Minuten walken, 3 × 3 min laufen und 1 min walken

5 Minuten walken, 4 × 4 min laufen und 1 min walken

5 Minuten walken, 3 × 6 min laufen und 1 min walken

Woche 6:

5 Minuten walken, 2 × 7 min laufen und 1 min walken

5 Minuten walken, 4 × 5 min laufen und 1 min walken

5 Minuten walken, 2 × 8 min laufen und 1 min walken

Woche 7:

5 Minuten walken, 2 × 8 min laufen und 1 min walken

5 Minuten walken, 2 × 9 min laufen und 1 min walken

5 Minuten walken, 2 × 10 min laufen und 1 min walken

Woche 8:

5 Minuten walken, 2 × 10 min laufen und 5 min walken

5 Minuten walken, 3 × 3 min laufen und 1 min walken

5 Minuten walken, 15 min laufen, 5 min walken

Woche 9:

5 Minuten walken, 15 min laufen, 5 min walken

5 Minuten walken, 20 min laufen, 5 min walken

Woche 10:

5 Minuten walken, 15 min laufen, 5 min walken

5 Minuten walken, 3 × 6 min laufen und 1 min walken

5 Minuten walken, 20 min laufen, 5 min walken

WOCHE 11:

5 Minuten walken, 20 min laufen, 5 min walken

5 Minuten walken, 4 × 6 min laufen und 1 min walken

5 Minuten walken, 25 min laufen, 5 min walken

WOCHE 12:

5 Minuten walken, 25 min laufen, 5 min walken

5 Minuten walken, 2 × 10 min laufen, 1 min walken

5 Minuten walken, 30 min laufen, 5 min walken

90–110 PUNKTE:
TRAINING FÜR FORTGESCHRITTENE

Sie sind ausreichend trainiert. Die nächsten 12 Wochen bringen wir Sie aber auf einen guten Ausdauerlevel. Das Ausdauertraining wird jetzt durch Krafttraining ergänzt.

WOCHE 1 BIS 4:

5 Minuten walken, 20 min laufen, 5 min walken

5 Minuten walken, 2 × 15 min laufen und 1 min walken

5 Minuten walken, 25 min laufen, 5 min walken

Krafttraining 30 bis 40 min

WOCHE 5 BIS 8:

5 Minuten walken, 30 min laufen, 5 min walken

5 Minuten walken, 3 × 10 min laufen und 1 min walken

5 Minuten walken, 30 min laufen, 5 min walken

Krafttraining 40 bis 45 min

WOCHE 9 BIS 12:

5 Minuten walken, 40 min laufen, 5 min walken

5 Minuten walken, 30 min laufen und 5 min walken

5 Minuten walken, 40 min laufen, 5 min walken

Krafttraining bis 1h

ÜBER 111 PUNKTE:
DAS DAUERLÄUFERTRAINING

Sie sind bereits überdurchschnittlich gut trainiert und verfügen über eine gute Ausdauer. Jetzt sind Sie auf dem Weg zum echten Langstreckenläufer. In den kommenden drei Wochen nähern Sie sich Trainingsbelastungen, die Ihnen später auch als Basis für einen Wettkampf, zum Beispiel einen Marathon, dienen können.

Woche 1 bis 4:

5 Minuten walken, 30 min laufen, 5 min walken

5 Minuten walken, 45 min laufen und 1 min walken

5 Minuten walken, 30 min laufen, 5 min walken

5 Minuten walken, 50 min laufen, 5 min walken

Krafttraining

Woche 5 bis 8:

5 Minuten walken, 40 min laufen, 5 min walken

5 Minuten walken, 50 bis 60 min laufen und 1 min walken

5 Minuten walken, 30 min laufen, 5 min walken

5 Minuten walken, 60 min laufen, 5 min walken

Krafttraining

Woche 9 bis 12:

5 Minuten walken, 45 min laufen, 5 min walken

5 Minuten walken, 60 bis 70 min laufen und 1 min walken

5 Minuten walken, 45 min laufen, 5 min walken

5 Minuten walken, 80 bis 90 min laufen, 5 min walken

Krafttraining

Quick-Check:
Die häufigsten Einsteigerfehler

✓ Bevor Sie so richtig loslegen, lassen Sie sich auf Ihre Belastbarkeit bei einem Arzt untersuchen. Der sollte nicht nur ein Belastungs-EKG durchführen, sondern auch eine Laboruntersuchung des Blutes durchführen lassen.

✓ Wechseln Sie als Einsteiger zwischen Laufen und Gehen.

✓ Falls Ihnen die ersten Schritte in der Öffentlichkeit etwas peinlich sind, sollten Sie sich zunächst auf ruhigen und flachen Waldwegen versuchen.

✓ Laufen Sie anfangs bewusst langsam und mit kleinen Schritten. Somit vermeiden Sie, dass Sie sich innerhalb der ersten Minuten auspowern.

✓ Suchen Sie sich Gleichgesinnte bei Motivationsproblemen.

DAS FATBURNING-TRAINING

So schmilzt das Fett

Zuerst die gute Nachricht: Um abzunehmen, brauchen Sie keine Diät zu machen. Denn an diese Sparmaßnahme hat sich unser Körper längst gewöhnt und leitet ruck, zuck ein Notverfahren ein. So kommt es bei Diäten zum Beispiel zu

- einer Aktivierung der Fetteinlagerung, weil der Organismus versucht, die Energiespeicher aufzufüllen,
- einem Abbau von aktiver Muskelmasse durch Verbrennung des Muskeleiweißes.

Nach der Diät – wenn sie denn erfolgreich war – stehen Sie folgenden Problemen gegenüber:

1. Ihr Körper läuft weiter auf Sparflamme. Wenn Sie wieder die gleiche Nahrungsmenge wie vor der Diät zu sich nehmen, legen Sie noch zusätzlich an Fett zu.
2. Für den Organismus ist nach der Diät die Hungersnot vorbei. Er greift sich jedes Gramm Fett und lagert es ein, um sich vor der nächsten Diät oder Hungersnot zu schützen.
3. Sie haben Muskulatur abgebaut. Das macht sich nicht nur optisch schlecht. Fett verbrennt in der Muskulatur, um Energie zu liefern. Das heißt: weniger Muskulatur und weniger Möglichkeiten, Fett zu verbrennen.

Es gibt nur eine Lösung für den viel beklagten Jo-jo-Effekt, und die heißt: komplexe Bewegung in Kombination mit der optimalen Ernährung.

TIPP 1:
KOMPLEXE BEWEGUNGEN

Wer weniger isst, als er verbraucht, nimmt ab. Wer gleichzeitig Muskeln aufbaut und gezielt Fett verbrennt, kann sogar viel essen und trotzdem Gewicht reduzieren.

Keine Angst, dafür müssen Sie nicht zum Leistungssportler werden. Zuerst einmal gibt es zum Glück unendlich viele Möglichkeiten, selbst im Alltag die Fettverbrennung anzukurbeln.

JEDE KLEINE AKTIVITÄT ZÄHLT

Auch wenn man nur fünf Minuten aktiv ist, wird Fett verbrannt.

Für eine Studie der Mayo-Klinik in Rochester, Minnesota, mussten 16 normalgewichtige Bürohengste (die kaum Sport trieben) acht Wochen lang täglich 1000 Kalorien zu viel essen. Erwartungsgemäß nahmen alle dabei zu, einige lediglich ein Kilo, andere dagegen fast acht. Messungen kleinster Bewegungen ergaben den Unterschied – den Zappel-Faktor. Denn viele Probanden kompensierten die überschüssige Kalorienzufuhr durch gesteigerte Unruhe: Der beste Zappler verbrauchte täglich 692 Kalorien mehr (70 Prozent der überflüssigen Energie) – nur durch kleinste Bewegungen: Ändern der Körperhaltung, Fingerspiele, häufiges Aufstehen, Recken. Er nam denn auch am wenigsten zu. Dies zeigt, dass wirklich jede Bewegung zählt – sogar das Zappen mit der Fernbedienung. Ist Ihnen also danach, mit den Zehen zu wackeln, beim Telefonieren herumzulaufen oder von einem Bein aufs andere zu treten? Dann tun Sie's, denn es hält schlank!

WIE KNACKE ICH DIE FETTSCHICHT?

Wenn Sie innerhalb kurzer Zeit möglichst viel abnehmen möchten, dann laufen Sie so schnell wie möglich und so häufig wie möglich. Denn Sie wissen, Ihr Körper zählt am Ende des Tages einfach die verbrauchten Kalorien zusammen und zieht Bilanz. Wenn Sie sehr intensiv trainieren, verbrauchen Sie etwa 1000 Kilokalorien in der Stunde, beim langsamen

Traben etwa die Hälfte. Ist das also die Lösung? Ein klares Nein. Denn in spätestens 2 Wochen haben Sie die erste Verletzung oder bekommen einen Infekt und können dann gar nicht mehr trainieren.

Je unterschiedlicher das Training, umso vielfältiger sind die Reize, die auf Ihren Körper wirken – und das steigert die Effektivität der Gewichtsreduktion. In diesem Kapitel beschränken wir uns nicht nur auf das Lauftraining, sondern bieten Ihnen auch Trainingsalternativen an.

Die Zahl dieser alternativen Trainingsmittel ist groß. Wir haben die drei häufigsten ausgewählt: Radfahren, Schwimmen und Fitnesstraining in der Gruppe (beispielsweise Aerobic-Kurse wie Pump, Step oder Kickboxen).

Komplexes Training bringt eine Menge Vorteile:

1. Sie bringen mehr Abwechslung in Ihr Trainingsprogramm und beugen so jeder Langeweile im Training vor.

2. Sie vermeiden einseitige Belastungen durch ausschließliches Laufen. Aktive Verletzungsprophylaxe heißt die Devise.

3. Schwimmen in der Halle, Studio- oder Ergometer-Training sind sowohl von der Tageszeit als auch vom Wetter unabhängig.

4. Vielfältige Trainingsmittel reizen Ihr Nervensystem und trainieren es. Sie verbessern durch die Abwechslung im Training Ihre Koordination und Geschicklichkeit.

Radfahren

Früher war das Biken unter Läufern verpönt. Radfahren macht dicke Beine und die Lauftechnik kaputt – so das Vorurteil.

Schlaue Läufer aus dem Spitzenbereich beginnen jedoch seit einigen Jahren zunehmend das Radfahren zur langfristigen Vorbereitung auf Wettkämpfe zu nutzen.

Die Gründe:

1. Sie können mit dem Rad sehr lange Trainingseinheiten absolvieren, ohne sich zu überlasten. Laufeinheiten über 3 Stunden gelten, wegen der hohen orthopädischen Belastung, selbst im Bereich des Spitzensports nicht mehr als sinnvoll. Nach zweieinhalb Stunden lässt die Stützfunktion der Muskulatur des Rumpfes und der Beine durch die Ermüdung zunehmend nach. Sehnen, Gelenke und Bänder werden verstärkt belastet, Verletzungen drohen.

2. Selbst für stark übergewichtige Menschen ist Radfahren meist kein Problem. Sie sitzen fest im Sattel und müssen ihr Körpergewicht nicht selbst tragen. Ihre Gelenke werden deutlich weniger belastet.

3. Mit dem Rad kommen Sie weiter. Sie sind nicht auf einen Umkreis von einigen Kilometern eingeschränkt, sondern können mit dem Rad auch mal weiter entfernte Strecken kennen lernen und so neue Eindrücke gewinnen.

Tipps zum Radfahren:

1. Lassen Sie sich beim Radkauf vom Fachhändler gut beraten und vom Profi Ihre Sitzposition richtig einstellen. So vermeiden Sie Fehlbelastungen durch eine falsche Haltung.

2. Setzen Sie beim Radfahren einen Helm auf. Der Asphalt ist härter als Ihre Schädeldecke.

3. Suchen Sie sich zunächst leichte und flache Strecken. So können Sie gerade am Anfang Ihre Belastung wesentlich besser kontrollieren.

4. Fahren Sie lieber mit kleinen Gängen und hoher Frequenz (zirka 90 bis 100 Pedalumdrehungen in der Minute). Hohe Gänge fordern die Muskeln zwar stärker, belasten aber Knie und Wirbelsäule.

5. Spielen Sie beim Radfahren mit den Trittfrequenzen. Beispiel: Fahren Sie sich 10 bis 15 Minuten locker ein. Dann folgt, je nach Leistungsstärke, eine Belastungsphase von einer bis fünf Minuten, die etwa fünf- bis fünfzehnmal wiederholt wird. Die Trittfrequenz liegt bei etwa 110 bis 120 Umdrehungen in der Minute.

6. Wenn Sie Radschuhe mit festen Klickpedalen besitzen, können Sie auch minutenweise einbeinig fahren. Das schult eine gleichmäßige Pedalbelastung (runder Tritt) und bringt eine deutliche Kraftverbesserung.

SCHWIMMEN

Das Training im Wasser belastet Ihre Gelenke und Ihren Stützapparat am geringsten. Schwimmtraining hat aber auch weitere Vorteile, die oft übersehen werden:

1. Beim Schwimmen nutzen Sie nahezu jeden Muskel Ihres Körpers. Die beim Laufen vernachlässigte Schulter- und Armmuskulatur wird gestärkt.

2. Schwimmen ist koordinativ höchst anspruchsvoll und trainiert dadurch Ihre motorische Leistungsfähigkeit und Geschicklichkeit.

3. Schwimmen ist das optimale Trainingsmittel zur aktiven Erholung. In der relativen Schwerelosigkeit des Wassers wird der Rückstrom des Blutes zum Herzen erleichtert. Der Druck des Wassers auf Ihre Muskulatur ermöglicht zusammen mit der aktiven Bewegung den Abtransport von Schlackenstoffen.

4. Der Massageeffekt des Wassers lockert Ihre Muskulatur und löst Verspannungen.

TIPPS ZUM SCHWIMMEN:

1. Möchten Sie sich durch das Schwimmen aktiv erholen, dann schwimmen Sie in warmem Wasser ab zirka 26 Grad aufwärts. Nutzen Sie zum Beispiel die wöchentlichen Badetage zur Entspannung im angenehm warmen Wasser.

2. Wollen Sie Ihre überflüssigen Pfunde verlieren, dann suchen Sie sich kaltes Wasser. Viele Freibäder heizen aus Kostengründen nur ein Becken. Springerbecken sind meist nicht geheizt und haben so etwa 18 bis 20 Grad. Ihr Körper muss extreme Energiemengen aufwenden, um seine Körpertemperatur zu halten, und verbrennt Fett ohne Ende. Übrigens macht kaltes Wasser gesunde Männer nicht krank, sondern härtet ab und schützt später vor Infekten.

3. Bauen Sie Ihr Schwimmtraining ähnlich wie das Lauftraining für Einsteiger auf. Schwimmen Sie erst kurze Teilstrecken. Später versuchen Sie längere Strecken bis zu einer Stunde durchzuschwimmen. Erfahrene Schwimmer bauen in dieses Dauerprogramm intensivere Einheiten ein und schwimmen zum Beispiel 3- bis 8-mal 3 Minuten schneller. Zwischen diesen intensiven Einheiten liegt immer eine kurze aktive Erholungsphase von 1 bis 3 Minuten, in der Sie locker schwimmen oder sich am Beckenrand ausruhen.

TRAINING IM FITNESS-STUDIO

Wenn Sie Mitglied in einem Fitness-Studio sind, in dem Kurse wie HipHop oder Step angeboten werden, dann nutzen Sie diese Möglichkeiten. Es ist überhaupt nicht peinlich, sich nach der Musik zu bewegen. Ganz im Gegenteil: Überzeugen Sie sich, wie schnell Sie von den meist weiblichen Teilnehmern der Kurse akzeptiert werden.

Eigentlich ist diese Trainingsform genial:

1. Sie ist unabhängig vom Wetter und bietet Trainingsmöglichkeiten bis spät in die Nacht.
2. Die Kurse schulen die Koordination, Motorik und verbessern das Körpergefühl.
3. In Kombination mit Laufband- oder Ergometertraining, vor oder nach den Kursen, ist ein optimaler Ausbau der Ausdauer möglich.

TIPPS FÜR DAS STUDIOTRAINING:

1. Nutzen Sie auch beim Training in der Gruppe Ihren Pulsmesser. Meist zieht der Herdentrieb und die intensive Musik die Trainingsintensität hoch. Mit Pulsmesser bleiben Sie im Fettstoffwechsel und vermeiden Überlastungen.
2. Trinken Sie reichlich, am besten Mineraldrinks. Meist schwitzt man beim Studiotraining extrem. Sie verlieren sehr viel Flüssigkeit und gleichzeitig wichtige Mineralstoffe wie Magnesium, Kalzium und Kalium.

3. Rüsten Sie sich vernünftig aus. Der graue Baumwolljogging-anzug aus den frühen Achtzigern ist nicht nur optisch aus der Mode, sondern auch unpraktisch.

Trainingsplan Fatburning

Ausdauertraining ist gut fürs Abnehmen, aber um die Fett-schmelze richtig anzuheizen, fehlt noch die Muskulatur. Sie ist der echte Fettfresser. Durch ihre pure Anwesenheit ver-braucht sie 17- bis 25-mal mehr Kalorien als Fettgewebe. Je-des antrainierte Pfund Muskelgewebe verheizt bis zu 100 Ka-lorien am Tag. Und auch Ihr Ausdauertraining wird durch die größere Muskelmasse energiezehrender. Deshalb finden Sie in unserem Trainingsplan auch zwei Krafttrainingseinheiten.

Warum sollte ich unbedingt im Fettstoffwechselbereich laufen?

Das liegt weniger an der effektiveren Gewichtsabnahme, sondern eher an den positiven Auswirkungen des Ausdauer-trainings in diesem Bereich:

- Senkung des Herzinfarktrisikos um bis zu 50 Prozent,
- Abnahme und Regulierung des Blutdrucks,
- Erhöhung der Insulinempfindlichkeit der Muskulatur und damit Verringerung des Risikos, an Diabetes zu erkranken,
- Milderung von Fettstoffwechselstörungen,
- Verbesserung der Durchblutung und Kapillarisierung der Muskulatur,
- Erhöhung der Knochenfestigkeit,
- verminderte Stresshormonausschüttung.

WOCHENTAG	TRAININGSFORM	DAUER	INFO
Montag	Kraft	1 h	Vor und nach Krafttraining 15 Min bei 75 Prozent der maximalen Herzfrequenz auf dem Laufband oder Ergometer
Dienstag	Lauftraining	30 bis 50 min	Intensität bei 65 Prozent der maximalen Herzfrequenz
Mittwoch	Studiotraining	60 min	Vor und nach Studiotraining 10 Min bei 75 Prozent der maximalen Herzfrequenz auf dem Laufband oder Ergometer
Donnerstag	Ruhetag		
Freitag	Kraft	1 h	Vor und nach Krafttraining 20 Min bei 70 Prozent der maximalen Herzfrequenz Laufband oder Ergometer
Samstag	Fahrrad oder Schwimmen	60 bis 90 min	Intensität: 70 Prozent der maximalen Herzfrequenz
Sonntag	Lauftraining	50 bis 80 min	Intensität: bei 70 Prozent der maximalen Herzfrequenz

TIPP 2: DIE OPTIMALE ERNÄHRUNG

Es gibt drei große Bausteine, aus denen unsere Ernährung besteht. Unser Körper braucht sie zum Aufbau von Zellen, für seinen Stoffwechsel und zur Energiegewinnung. Diese Bausteine sind Eiweiße, Kohlenhydrate und Fette.
Zum Fein-Tuning seiner Funktionen benötigt Ihr Körper noch

die «kleinen Nährstoffe». Mineralsalze, Vitamine und Spuren-
elemente helfen beim Aufbau der Knochensubstanz, bei der
Blut- und Hormonbildung – und regeln den Flüssigkeitshaus-
halt. Hier soll es jetzt aber um die großen Bausteine gehen.

BAUSTEIN NR. 1: EIWEISS

EIWEISS ist der Grundbaustein der Zellen aller Gewebe des
Körpers. Eiweiße übernehmen in unserem Körper eine Vielfalt
an Funktionen. Es gibt Eiweiß, das Transportfunktionen übernimmt, zum Beispiel unser Blutfarbstoff Hämoglobin: Er
bringt den Sauerstoff in unsere Organe und die Muskulatur.
Andere Eiweiße übernehmen Boten- und Informationsfunk-
tionen wie die Hormone, wieder andere bilden als hoch kom-
plizierte Strukturen die Basis von Knochen, Gelenken, Sehnen
und Bändern. Ein Baustoff, der wahre Wunder vollbringen
kann.

Der Bedarf an Eiweiß hängt vor allem vom Lebensalter und
der körperlichen Belastung ab. Menschen, die in Bewegung
sind, brauchen mehr Eiweiß. Für sportlich Aktive beträgt der
Bedarf etwa 2 bis 3 Gramm pro Kilo Körpergewicht.

TIPPS ZUM EIWEISS:

1. Gut sind eiweißreiche Lebensmittel, die wenig Fett enthalten.
   Ideale Beispiele: Hülsenfrüchte (Bohnen, Linsen, Erbsen),
   Magermilch, magerer Speisequark, Hühner- und Fischeiweiß.
2. Kombinieren Sie tierisches mit pflanzlichem Eiweiß. Sie erhalten auf diese Weise eine höhere biologische Wertigkeit. Im
   Spitzensport haben sich auch Kombinationen von z. B. Hül-
   senfrüchten mit Getreide und Getreideprodukten bewährt.
   Zum Beispiel Erbsensuppe mit Roggenbrötchen oder Chili con
   carne mit Reis.

BAUSTEIN NR. 2: KOHLENHYDRATE

KOHLENHYDRATE sind ein weiterer Grundbaustein des Lebens. Sie werden nahezu ausschließlich zur Energiegewinnung genutzt und können nach der Anzahl der aneinander geketteten Moleküle pro Kohlenhydrat unterschieden werden. Abhängig der Kettenlänge unterscheidet man lang-, mittel- und kurzkettige Kohlenhydrate.

Die einfachsten und kürzesten Kohlenhydrate sind die so genannten Einfachzucker Glukose (Traubenzucker) und Fruktose (Fruchtzucker). Aus diesen Einfachzuckern sind die großen, langkettigen Kohlenhydrate (Polysacharide) aufgebaut, die aus mehreren 100 000 Einfachzuckern bestehen können. In unserem Stoffwechsel spielt die Glukose und seine Speicherform, das Glykogen, die tragende Rolle. Glykogen kann man sich als Riesenkohlenhydrat aus Glukose vorstellen. Das Glykogen ist die schnell verfügbare Kohlenhydratreserve unseres Organismus. Es befindet sich zu einem Drittel in der Leber und zu etwa zwei Dritteln in unserer Muskulatur. Von dort kann es blitzschnell als Glukose abgerufen werden und hält somit den Blutzuckerspiegel konstant. Hier geht es unserem Organismus weniger um eine optimale Zuckerversorgung der Arbeitsmuskulatur, denn die kann ihren Energiebedarf auch aus Fetten und Eiweiß decken. Aber unser zentrales Nervensystem (Gehirn und Rückenmark) ist in der Energieversorgung ausschließlich auf Zucker angewiesen.

Kurzkettige Kohlenhydrate werden über den Verdauungstrakt sehr schnell aufgenommen. Es entstehen plötzlich sehr hohe Kohlenhydratkonzentrationen im Blut. Als Regler funktioniert hier das Hormon Insulin, das in unserer Bauchspeicheldrüse ausgeschüttet wird. Es senkt den Blutzuckerspiegel sehr schnell. Die Folge: Unser Gehirn registriert den niedrigeren Blutzucker und meldet: Hunger! Innerhalb kurzer Zeit müssen Sie erneut essen, um den Blutzucker auf Normalniveau zurückzubringen. Ein Teufelskreis.

Diese kurzkettigen Zucker sind leider meistens in Nahrungsmitteln enthalten, die gut schmecken. Schokolade, Speiseeis, süßes Gebäck. Das heißt, wenn Sie naschen, hält das Sättigungsgefühl meist nicht lange an. Ganz im Gegenteil, Sie haben sofort wieder Appetit.

All diese Nahrungsmittel enthalten nicht nur süßen Zucker, sondern vor allem auch den Geschmacksträger Fett. Und Fett macht uns nicht nur fett, sondern auch krank. Also: Finger weg von solchen Süßigkeiten!

Bei einer ausgewogenen Ernährung mit dem Ziel der Gewichtsreduktion muss deshalb immer auch auf einen hohen Anteil an mittel- und besonders langkettigen Kohlenhydraten geachtet werden. Nur auf diese Weise können Sie dem Fett aus dem Wege gehen, ohne sich quälen zu müssen. Diese Kohlenhydrate finden Sie besonders in Vollkornprodukten, Naturreis, weniger in Weißmehlprodukten.

Sie können sich Kohlenhydrate wie Superbenzin als Energiequelle unseres Körpers vorstellen. Kohlenhydrate liefern bis zu viermal schneller Energie als Fette. Zeitgleich brauchen Sie zur Verbrennung von Kohlenhydraten wesentlich weniger Sauerstoff als die Verbrennung von Fetten. Ihr Organismus tut sich unglaublich leicht, aus Kohlenhydraten Energie zu gewinnen.

Tipps zu den Kohlenhydraten:

1. Warten Sie nach dem Sport nicht zu lange mit dem Essen. Gerade nach einem harten Training stürzt sonst der Blutzuckerspiegel ab – das provoziert Heißhunger. Wenn Sie noch keinen Appetit haben sollten, greifen Sie zu einer Banane, zu Trockenfrüchten oder zu einem Stückchen Brot.

2. Grundsätzlich sollten Sie es vermeiden, nebenbei zu naschen. Legen Sie lieber mal eine Pause ein, um bewusst etwas zu essen – eine Banane oder eine Scheibe Knäckebrot mit Honig zum Beispiel. Gerade wenn man körperlich und geistig stark gefordert ist, sollte man auf große Mahlzeiten verzichten. Kleine Snacks halten den Blutzuckerspiegel konstant, sodass dem Gehirn durchweg Glukose zugeführt wird.

BAUSTEIN NR. 3: FETTE

FETT ist unser Energiespeicher Nummer 1. Westeuropäer führen sich, wenn man verschiedene Studien zusammenfasst,
etwa 40 Prozent ihrer Nahrungsenergie mit Fett zu. Bei Über-
gewichtigen liegt dieser Anteil mit über 45 Prozent noch einmal wesentlich höher. In Wirklichkeit würden 5 bis 10 Prozent leicht reichen. Die Empfehlungen liegen bei einem Anteil
von 30 Prozent. Fette begünstigen die Entstehung von Krank-
heiten. Fette haben aber nicht nur schlechte Eigenschaften.
Fett erfüllt Schutzaufgaben, Zellmembranen sind zum Teil aus
Fett aufgebaut, und Fett ist ein wichtiger Träger für die fettlös-
lichen Vitamine A, D, E und K.

WARUM MACHEN FETTE EIGENTLICH FETT?

Im Gegensatz zu Kohlenhydraten und Eiweißen hat Fett eine
sehr hohe Energiedichte. Nahrungsfett enthält etwa doppelt
so viel Energie wie Kohlenhydrate und Eiweiß.
Fett liefert zwar viel Energie, macht aber nicht satt. Unser
Hungergefühl wird im Wesentlichen über die Kohlenhydrate
geregelt. Die Sättigung wird durch die Anwesenheit von Kohlenhydraten angezeigt, Hunger bei Abwesenheit von Kohlenhydraten. Das bedeutet: Wenn ein Essen im Verhältnis sehr
viele Kohlenhydrate beinhaltet, dann werden wir zwangsläufig
relativ schnell satt. Enthält die Nahrung relativ wenig Kohlenhydrate und viel Fett, muss davon auch viel gegessen werden,
um das erwünschte Sättigungsgefühl zu erreichen. Dieses
überschüssige Fett wird dann gespeichert und macht Sie fett.
Fett kann ohne großen Energieverlust gespeichert werden.
Besteht in Ihrem Körper ein Überschuss an Energie, dann wird
Fett als erster Grundbaustein in die Depots geschafft. Dies ist
für Ihren Körper wesentlich weniger aufwendig als Kohlenhydrate zu speichern.

DIE GESÜNDESTEN SNACKS

Müsli ist klasse, keine Frage. Aber nicht das einzige Lebensmittel, das Ausdauersportler vorrätig haben sollten.

HÜTTENKÄSE: Perfekter Snack (kalorienarm), wenig Fett und Kohlenhydrate, dafür reich an Protein (und Calcium).

TROCKENFRÜCHTE: Kohlenhydrat-Booster mit geringem Fettanteil. Trockenpflaumen liefern zusätzlich Ballaststoffe und Kalium.

KAROTTEN: Stecken voller Karotin und Vitamin-A. Ungekocht haben die Rüben wenig Kalorien – der ideale Zwischendurch-Snack.

FRÜCHTEJOGHURT: Toll, wenn Sie schnell Ihren Kohlenhydratspeicher auffüllen müssen. Unbedingt die Magermilch-Version nehmen.

REISWAFFELN: Die wenigen Kalorien stammen aus dem hohen Kohlenhydratanteil. *Tipp:* Mit Erdnussbutter bestreichen. Die hat viel Protein und Vitamin E und beschleunigt daher Ihre Muskel-Regeneration.

MÜSLIRIEGEL, MINI-KUCHEN: Sättigen den Heißhunger auf Süßes, sind dabei gesünder als die fetten Schokoriegel.

DOSENTHUNFISCH (IM SAFT): Das wenige Fett des Proteinlieferanten setzt sich aus Omega-3-Fettsäuren zusammen (minimieren das Herzinfarktrisiko).

SCHMELZFLOCKEN: Enthalten viel Kohlenhydrate und Protein. Eignen sich für den Verzehr vor einem Marathon (z. B. in Saft aufgelöst).

KNABBERZEUGS: Grissini und Brezeln sind okay. Auch mit Salz, da Sie beim Schwitzen Natrium verlieren.

STUDENTENFUTTER: Guter Snack mit Protein und «schnellem» Zucker.

KAKAO (MIT KALTER MILCH): Belohnung nach dem Training (viel Protein und Kohlenhydrate).

BANANEN: Energieriegel mit umweltfreundlicher Verpackung.

DAS GEZIELTE TRAINING

Falls Sie kein Neueinsteiger mehr sind, wissen Sie, dass jede Laufdistanz ihre eigenen Schallmauern hat. Doch ohne Trainingsplan (und dazugehörigen Ehrgeiz) ist es schwer, hoch gesteckte Ziele zu erreichen.

Im folgenden Kapitel finden Sie detaillierte Trainingspläne für 5, 10 und 21,1 Kilometer (Halbmarathon). Für ambitionierte Läufer gibt es zusätzlich ein Programm, mit welchen Tricks eine noch bessere Zeit möglich ist. Alle Pläne sind jeweils für einen Zeitraum von 12 Wochen ausgelegt.

Die Leistungssteigerung während dieser Trainingsphase beruht auf dem Prinzip der Superkompensation. Im Klartext: Es geht hierbei um das Verhältnis von richtiger Be- und Entlastung. Auch wenn es anfangs im Training bei Ihnen gut läuft, empfehlen wir Ihnen, nicht mehr zu machen als vorgegeben. Belasten Sie nämlich Ihren Körper im Training, ohne ihm ausreichende Erholungszeit zu geben, werden Sie schneller müde, und Ihre Leistungsfähigkeit fällt ab. Wird Ihr Körper im Gegensatz hierzu im Training zu wenig belastet, kann keine Steigerung der Leistungsfähigkeit erfolgen.

Um optimal auf ein Ziel trainieren zu können, müssen Sie die unterschiedlichen Trainingsbereiche kennen.

- ### DAS REGENERATIONSTRAINING:

Das Laufen im Regenerationsbereich, auch aktive Erholung genannt, ist ein essentieller Trainingsbaustein. Nichts macht Sie nach intensiven Einheiten schneller wieder fit als das Regenerationstraining. Es bringt den Kreislauf wieder in Schwung, spült aktiv die Schlacke aus Ihrer Muskulatur und lockert sie gleichzeitig.

Die Herzfrequenz liegt bei der aktiven Erholung bei etwa 60 bis 70 Prozent der maximalen Herzfrequenz (Hfmax).

Symbol: RT

- ### DAS LANGE, EXTENSIVE TRAINING

Die Basis für einen erfolgreichen Ausdauerläufer. Dieses Lauftraining absolviert man nach der Dauermethode mit relativ konstanter Intensität. Die Herzfrequenz sollte im Bereich von etwa 70 bis 75 Prozent der maximalen Herzfrequenz liegen. Suchen Sie sich flaches und leichtes Gelände.

Extensive Laufeinheiten dauern etwa 40 Minuten bis zwei Stunden (je nach Trainingsziel und Leistungsstärke).

Symbol: ET L

- DAS MITTLERE, EXTENSIVE TRAINING

Dieses Training absolviert man nach der Dauermethode mit leicht wechselnden Intensitäten und Geschwindigkeiten. Es ist daher günstig, ein flaches bis leicht profiliertes Gelände dafür auszuwählen.

Die Herzfrequenz liegt im Bereich von 75 bis 80 Prozent der maximalen Herzfrequenz. Da die Belastung angenehm ist, wird diese Geschwindigkeit auch als Wohlfühltempo bezeichnet. Ganz wichtig: Das Einhalten dieser Belastungsgrenzen ist entscheidend für die Verträglichkeit dieses Trainings und die Vermeidung von Verletzungen. Wenn Sie zu hart trainieren, können Sie Ihre Grundlagenausdauer nicht aufbauen.

Symbol: ET M

- DAS ENTWICKLUNGSBEREICHTRAINING

Dieses Training stärkt Herz, Atmungssystem und Ihre spezifische Laufmuskulatur. Der Pulsbereich sollte zwischen 80 und 85 Prozent der maximalen Herzfrequenz liegen. Da die Überlastungsgefahr bei diesem Tempo ansteigt, wird es in den Trainingsplänen nur gelegentlich verwendet. Absolvieren Sie diese Einheit auf einer flachen Strecke mit gutem Belag.

Symbol: EB

- DAS FAHRTSPIEL:

Die ursprüngliche Heimat des Fahrtspiels sind die skandinavischen Wälder. Im Fahrtspiel ist alles drin und erlaubt: vom leichten Trab bis zum intensivsten Berganlauf. Lassen Sie sich vom Gelände treiben!

Symbol: FS

- DER INTENSIVE DAUERLAUF

Bei dieser Trainingsbelastung wird zum größeren Teil auch der anaerobe Stoffwechsel in Anspruch genommen. Durch diesen starken Reiz wird das Wettkampftempo trainiert. Voraussetzung für den intensiven Dauerlauf ist eine gute Grundlagenausdauer. Nach einem Aufwärmprogramm wird eine Strecke von etwa 6 bis 15 km mit 85 bis 90 Prozent der maximalen Herzfrequenz gelaufen.

NICHT VERGESSEN: Nach dem intensiven Dauerlauf locker auslaufen, um die Regeneration zu beschleunigen.

Symbol: I D

- DER INTENSIVE DAUERLAUF IN INTERVALLFORM
Beim Intervalltraining laufen Sie bestimmte Teilstrecken – zum Beispiel 1000 Meter – und machen dazwischen kurze Pausen, in denen Sie nur locker traben (Trabpause = TP). Wie beim intensiven Dauerlauf empfehlen wir unbedingt ein Aufwärmprogramm, sonst sind Verletzungen programmiert. Die Intensität ist mit zum Teil über 90 Prozent der maximalen Herzfrequenz höher als beim intensiven Dauerlauf. Machen Sie das Intervalltraining auf der Bahn oder auf sehr gutem Untergrund. In den Trainingsplänen schlagen wir Ihnen zur Orientierung bestimmte Intervalllängen vor.

Symbol: I D I

WICHTIGER HINWEIS: In den folgenden Trainingsplänen tauchen noch weitere Symbole auf.

- L-ABC steht für Koordinationstraining. Welche Übungen dafür optimal sind, erfahren Sie im Kapitel «Das Koordinationstraining».
- S bedeutet Stretching. Wir haben für Sie im Kapitel «Das Stretching» die passenden Übungen zusammengestellt – aufgeteilt für Einsteiger und Cracks.
- KT ist die Abkürzung für Krafttraining. Läufer brauchen spezielle Muskeln. Wie Sie die trainieren, erfahren Sie im Kapitel «Das Krafttraining».
- TP steht für Trabpause. Dieses Symbol finden Sie vor allem zwischen hohen Intervallbelastungen.

Finden Sie das Symbol IDI 3 × 4'30" bedeutet das einen
intensiven Dauerlauf mit Intervallprogramm, das 4:30 Minuten lang ist und dreimal wiederholt werden muss.

DIE TRAININGSPLÄNE

Irgendwann kommt der Punkt, wo Sie nach der üblichen
Strecke nicht aufhören wollen, sondern weiterlaufen.
Wir machen Ihnen Vorschläge, wie Sie für schnelle 5, 10 und
21,1 Kilometer trainieren können. Für die ganz Ehrgeizigen
unter Ihnen gibt's exakte Trainingspläne für superschnelle
Zeiten!
Bei allen Plänen ist der Umfang der Einheiten in Stunden und
Minuten angegeben. Und um Ihnen ein besseres Gefühl für das
Tempo zu geben, sind neben der Trainingsintensität auch die
Zeit in Minuten und Sekunden angegeben, die Sie im Schnitt
auf einen Kilometer laufen sollten. Diese Tempoangabe bezieht
sich auf eine flache Laufstrecke mit gutem Untergrund. Bei
hoher Außentemperatur oder schwerer, hügeliger Strecke
müssen Sie die Geschwindigkeit reduzieren.

WICHTIGER HINWEIS: Für die erfolgreiche Durchführung
des Trainingsprogramms ist es entscheidend, dass Sie Ihr Leis-
tungsniveau richtig einschätzen! Wählen Sie nämlich einen
Trainingsplan, der Ihnen weder von der Distanz noch von
der Intensität zusagt, sind Überlastungen und Verletzungen
die logische Konsequenz – und Sie verlieren die Motivation.

TIPP: Machen Sie sich keinesfalls zum Sklaven des Trainings-
plans. Spaß am Laufen ist die Grundbedingung für ein erfolgreiches Training.

5-Kilometer-Training

Diese Wettkampfstrecke ist auch für Neueinsteiger relativ schnell zu bewältigen. Wenn Sie trainieren wollen, dann nehmen Sie sich für die Vorbereitung etwa ein halbes Jahr Zeit. Unser Tipp für Anfänger: Schauen Sie sich im Kapitel («Das Einsteigertraining») die Trainingsplanung vom Walken bis zum Laufen durch. Da bei ausreichender Beanspruchung Ihr Stützapparat genügend Möglichkeiten hat, sich an das Laufen anzupassen, sind Sie zuverlässig vor Verletzungen und Überlastung geschützt.

Um schnelle 5 Kilometer durchzustehen, brauchen Sie auf jeden Fall zwei bis drei Trainingseinheiten pro Woche. Wenn Sie bei null anfangen und auch zuvor nicht andere Sportarten (wie zum Beispiel Fußball) ausgeübt haben, brauchen Sie etwa drei Monate Lauftraining.

Eine dieser Lauftrainingseinheiten muss die Zeitdauer von 40 Minuten überschreiten. Minimum ist eine zweite Ausdauereinheit von etwa 20 bis 30 Minuten Dauer.

Sie können aber auch eine alternative Ausdauersportart wie zum Beispiel Radfahren nutzen, um Ausdauer zu trainieren. Rad fahren sollten Sie aber etwas länger – 30 Minuten Laufen entspricht etwa einer Stunde auf dem Bike.

Tipp: Lassen Sie sich bei Wettkämpfen nicht vom hohen Anfangstempo der anderen Teilnehmer schrecken. Laufen Sie Ihr Tempo, dann sammeln Sie noch vor der Ziellinie garantiert viele der Himmelsstürmer mit einem Lächeln auf.

5 KILOMETER FÜR EHRGEIZIGE

Mit diesem Trainingsplan schaffen Sie die fünf Kilometer
unter der Schallmauer von zwanzig Minuten.

WOCHENTAG	TRAININGSFORM	DAUER	ZEIT / KM
WOCHE 1, 2 UND 3			
Montag	KT	1 h	
Dienstag	ET M + L-ABC	50 bis 60 min	5:10 bis 5:20 / km
Mittwoch	EB	30 bis 35 min	4:20 bis 4:25 / km
Donnerstag	FS	70 bis 75 min	5:00 bis 6:00 / km
Freitag	Ruhetag		
Samstag	IDI	6- bis 8-mal 1 km 2 min TP	4:00 bis 4:10 / km
Sonntag	ET L	90 min	6:00 bis 6:10 / km
WOCHE 4			
Montag	KT	1 h	
Dienstag	ET L + L-ABC	40 min	6:10 bis 6:20 / km
Mittwoch	Ruhetag		
Donnerstag	FS	70 bis 75 min	5:00 bis 6:00 / km
Freitag	Ruhetag		
Samstag	KT	1 h	
Sonntag	ET L + L-ABC	90 min	6:00 bis 6:10 / km
WOCHE 5, 6 UND 7			
Montag	KT	1 h	
Dienstag	ET M + L-ABC	50 bis 60 min	5:10 bis 5:15 / km
Mittwoch	EB	35 bis 40 min	4:20 bis 4:25 / km
Donnerstag	FS	70 bis 75 min	4:15 bis 6:00 / km
Freitag	Ruhetag		
Samstag	IDI	8- bis 10-mal 1 km 2 min TP	3:55 bis 4:05 / km
Sonntag	ET L	90 min	6:00 bis 6:10 / km

WOCHENTAG	TRAININGSFORM	DAUER	ZEIT/KM
WOCHE 8			
Montag	KT	1 h	
Dienstag	ET L + L-ABC	40 min	6:10 bis 6:20/km
Mittwoch	Ruhetag		
Donnerstag	FS	70 bis 75 min	4:30 bis 6:00/km
Freitag	Ruhetag		
Samstag	KT	1 h	
Sonntag	ET L + L-ABC	100 min	5:50 bis 6:00/km
WOCHE 9, 10 UND 11			
Montag	RT	20 min	
Dienstag	ID + L-ABC	4- bis 6-mal 500 m	3:50 bis 4:00/km
Mittwoch	ET L	60 bis 70 min	4:10 bis 4:15/km
Donnerstag	EB	40 bis 45 min	4:15 bis 4:20/km
Freitag	Ruhetag		
Samstag	ID + L-ABC	8- bis 10-mal 1 km 2 min TP	3:55 bis 4:05/km
Sonntag	ET L	90 min	6:00 bis 6:10/km
WOCHE 12 (WETTKAMPFWOCHE)			
Montag	RT	20 min	
Dienstag	Ruhetag		
Mittwoch	ET L	40 min	6:10 bis 6:20/km
Donnerstag	ID + L-ABC	4-mal 500 m mit 3 min TP	3:50 bis 4:00/km
Freitag	Ruhetag		
Samstag	RT + L-ABC	20 min	
Sonntag	Wettkampf	5000 m	

RT (Regenerationstraining) bei etwa 60–70 % der maximalen Herzfrequenz (Hfmax);
ET L (langes, extensives Training) bei 70–75 % der Hfmax; ET M (mittleres, extensives Training) bei etwa
75–80 % der Hfmax; EB (Entwicklungsbereichtraining) bei etwa 80–85 % der Hfmax; FS (Fahrtspiel)
Geländelauf mit wechselnden Geschwindigkeiten; ID (intensiver Dauerlauf) bei etwa 85–90 % der Hfmax;
IDI (intensiver Dauerlauf in Intervallform) bei über 90 % der Hfmax;
L-ABC (Koordinationstraining); S (Stretching); KT (Krafttraining); TP (Trabpause).

1 0 - K I L O M E T E R - T R A I N I N G

Wenn Sie die fünf Kilometer gut durchstehen, können Sie die zehn Kilometer in Angriff nehmen. Lassen Sie sich hierzu etwa 12 Wochen Zeit.

Um diese Strecke zu bewältigen, müssen Sie mindestens dreimal pro Woche laufen. Eine dieser Laufeinheiten muss mindestens eine Stunde am Stück betragen. Laufen Sie jene Trainingseinheiten in einem lockeren Tempo. Der Puls sollte bei etwa 70–75 Prozent der maximalen Herzfrequenz liegen. Die beiden kürzeren Trainingseinheiten sollten etwa 30 bis 45 Minuten dauern und können etwas flotter gelaufen werden (mit 75–80 Prozent der maximalen Herzfrequenz). Stretchingübungen und Techniken zur Verbesserung der Koordination runden das Trainingsprogramm ab und legen die Grundlage für einen Ausflug in den Halbmarathonbereich.

WICHTIGER HINWEIS: Wärmen Sie sich immer gut auf – das gilt vor allem für die schnellen Trainingseinheiten!

1 0 KILOMETER FÜR EHRGEIZIGE

Zehn Kilometer unter 50 Minuten – mit diesem Trainingsplan schaffen Sie das garantiert!

WOCHENTAG	TRAININGSFORM	DAUER	ZEIT / KM
WOCHE 1, 2 UND 3			
Montag	KT	1 h	
Dienstag	ET M + L-ABC	45 bis 50 min	6:00 bis 6:05 / km
Mittwoch	EB	30 bis 35 min	5:20 bis 5:30 / km
Donnerstag	Ruhetag		
Freitag	Ruhetag		
Samstag	ET M + L-ABC	40 bis 45 min	6:00 bis 6:10 / km
Sonntag	ET L	60 bis 70 min	6:30 bis 7:00 / km

Wochentag	Trainingsform	Dauer	Zeit/km
Woche 4			
Montag	Ruhetag		
Dienstag	ET L + L-ABC	40 min	7:00 bis 7:20/km
Mittwoch	Ruhetag		
Donnerstag	FS	30 bis 45 min	6:00 bis 6:45/km
Freitag	Ruhetag		
Samstag	KT	1 h	
Sonntag	ET L + L-ABC	60 min	7:00 bis 7:10/km
Woche 5, 6 und 7			
Montag	KT	1 h	
Dienstag	ET M + L-ABC	50 bis 60 min	5:55 bis 6:00/km
Mittwoch	EB	35 bis 45 min	5:15 bis 5:25/km
Donnerstag	Ruhetag		
Freitag	Ruhetag		
Samstag	ET M + L-ABC	50 bis 55 min	5:50 bis 6:00/km
Sonntag	ET L	70 bis 90 min	6:30 bis 7:00/km
Woche 8			
Montag	Ruhetag		
Dienstag	ET L + L-ABC	50 min	6:50 bis 7:10/km
Mittwoch	Ruhetag		
Donnerstag	FS	35 bis 45 min	6:00 bis 6:45/km
Freitag	Ruhetag		
Samstag	KT	1 h	
Sonntag	ET L + L-ABC	70 min	6:50 bis 7:10/km
Woche 9, 10 und 11			
Montag	RT	20 min	
Dienstag	ID + L-ABC	20 bis 30 min	5:10 bis 5:15/km
Mittwoch	ET L	55 bis 70 min	6:15 bis 6:30/km
Donnerstag	Ruhetag		
Freitag	Ruhetag		
Samstag	ET M + L-ABC	50 bis 60 min	5:50 bis 6:00/km
Sonntag	ET L	80 bis 100 min	6:30 bis 7:00/km

WOCHENTAG	TRAININGSFORM	DAUER	ZEIT/KM
WOCHE 12 (WETTKAMPFWOCHE)			
Montag	RT	20 min	
Dienstag	Ruhetag		
Mittwoch	ET L	40 min	6:30 bis 6:40/km
Donnerstag	IDI + L-ABC	4-mal 1000 m mit 3 min TP	5:00 bis 5:10/km
Freitag	Ruhetag		
Samstag	RT + L-ABC	20 min	
Sonntag	Wettkampf	10 km	

RT (Regenerationstraining) bei etwa 60–70 % der maximalen Herzfrequenz (Hfmax); ET L (langes, extensives Training) bei 70–75 % der Hfmax; ET M (mittleres, extensives Training) bei etwa 75–80 % der Hfmax; EB (Entwicklungsbereichtraining) bei etwa 80–85 % der Hfmax; FS (Fahrtspiel) Geländelauf mit wechselnden Geschwindigkeiten; ID (intensiver Dauerlauf) bei etwa 85–90 % der Hfmax; IDI (intensiver Dauerlauf in Intervallform) bei über 90 % der Hfmax; L-ABC (Koordinationstraining); S (Stretching); KT (Krafttraining); TP (Trabpause).

21,1-KILOMETER-TRAINING (HALBMARATHON)

Einen halben Marathon zu bewältigen, ist eine echte Herausforderung. Wenn das Ihr Ziel als Einsteiger ist, sollten Sie für die Vorbereitung etwa ein Jahr einplanen. Am besten, Sie steigern sich über die 5- und 10-Kilometer-Strecke. Hier sammeln Sie dann auch Ihre ersten Erfahrungen im Wettkampf. Für den Halbmarathon sind drei Lauftrainingseinheiten Pflicht, besser wären jedoch vier.

Eine dieser Trainingseinheiten sollte im Bereich von etwa 90 Minuten liegen. Dieser lange Lauf ist der wichtigste Teil in der Vorbereitung. Wer hier schummelt, bestraft sich selbst im Wettkampf. Die beiden mittleren Einheiten – zwischen 45 und 60 Minuten lang – sollten flotter absolviert werden. Die Belastung liegt bei zirka 70 Prozent der maximalen Herzfrequenz. Zusätzlich ist eine relativ schnelle Laufeinheit von 30 bis

40 Minuten erforderlich. Die Belastung von 80 bis 85 Prozent der maximalen Herzfrequenz soll Sie an das Tempo im Wettkampf gewöhnen. Gutes Aufwärmen ist hier entscheidend, um Verletzungen zu vermeiden.

Lassen Sie sich nicht täuschen. Der Halbmarathon ist ein Wettkampf, der von Ihnen alles fordert. Viele starten beim ersten Mal viel zu schnell und müssen nach 15 Kilometern lange Gehpausen einlegen. Beginnen Sie langsam und steigern Sie Ihr Tempo – wenn überhaupt noch möglich – erst gegen Ende.

21,1 KILOMETER FÜR EHRGEIZIGE

Wenn Sie die zehn Kilometer unter 50 Minuten geschafft haben, dann ist beim Halbmarathon eine Zeit unter 1:45 Stunden realistisch. Hier der dafür passende Plan:

WOCHENTAG	TRAININGSFORM	DAUER	ZEIT/KM
WOCHE 1, 2 UND 3			
Montag	KT	1 h	
Dienstag	ET M + L-ABC	50 bis 60 min	5:50 bis 6:00/km
Mittwoch	EB	30 bis 35 min	5:20 bis 5:30/km
Donnerstag	ET L	60 bis 70 min	6:30 bis 7:00/km
Freitag	Ruhetag		
Samstag	ET M + L-ABC	50 bis 60 min	6:00 bis 6:10/km
Sonntag	ET L	65 bis 80 min	6:35 bis 7:00/km
WOCHE 4			
Montag	Ruhetag		
Dienstag	ET L + L-ABC	40 min	6:50 bis 7:00/km
Mittwoch	Ruhetag		
Donnerstag	FS	40 bis 50 min	5:50 bis 6:50/km
Freitag	Ruhetag		
Samstag	KT	1 h	
Sonntag	ET L + L-ABC	70 min	7:00 bis 7:10/km

Wochentag	Trainingsform	Dauer	Zeit / km
Woche 5, 6 und 7			
Montag	KT	1 h	
Dienstag	ID	8 bis 12 × 1 km mit 2 min TP	5:10 bis 5:20 / km
Mittwoch	EB	40 bis 35 min	5:20 bis 5:30 / km
Donnerstag	ET L	70 bis 80 min	6:30 bis 7:00 / km
Freitag	Ruhetag		
Samstag	ET M + L-ABC	50 bis 60 min	6:00 bis 6:10 / km
Sonntag	ET L	80 bis 95 min	6:35 bis 7:00 / km
Woche 8			
Montag	RT	20 min	
Dienstag	ET L + L-ABC	50 min	6:45 bis 6:55 / km
Mittwoch	Ruhetag		
Donnerstag	ET L + L-ABC	60 min	7:00 bis 7:05 / km
Freitag	Ruhetag		
Samstag	Ruhetag		
Sonntag	ET L + L-ABC	80 min	7:00 bis 7:10 / km
Woche 9, 10 und 11			
Montag	KT	1 h	
Dienstag	ID	40 bis 50 min	5:15 bis 5:20 / km
Mittwoch	EB	45 bis 55 min	5:20 bis 5:30 / km
Donnerstag	ET L	70 bis 80 min	6:30 bis 7:00 / km
Freitag	Ruhetag		
Samstag	ET M + L-ABC	60 min	6:00 bis 6:10 / km:
Sonntag	ET L	90 bis 100 min	6:35 bis 7:00 / km
Woche 12 (Wettkampfwoche)			
Montag	RT	20 min	
Dienstag	Ruhetag		
Mittwoch	ET L	50 min	6:30 bis 6:40 / km
Donnerstag	IDI + L-ABC	4-mal 1000 m mit 2 min TP	5:00 bis 5:10 / km
Freitag	Ruhetag		
Samstag	RT + L-ABC	20 min	
Sonntag	Wettkampf	21,1 km	

RT (Regenerationstraining) bei etwa 60 – 70 % der maximalen Herzfrequenz (Hfmax); **ET L** (langes, extensives Training) bei 70 – 75 % der Hfmax; **ET M** (mittleres, extensives Training) bei etwa 75 – 80 % der Hfmax; **EB** (Entwicklungsbereichtraining) bei etwa 80 – 85 % der Hfmax; **FS** (Fahrtspiel) Geländelauf mit wechselnden Geschwindigkeiten; **ID** (intensiver Dauerlauf) bei etwa 85 – 90 % der Hfmax; **IDI** (intensiver Dauerlauf in Intervallform) bei über 90 % der Hfmax; **L-ABC** (Koordinationstraining); **S** (Stretching); **KT** (Krafttraining); **TP** (Trabpause).

Laufen mit System – Training von zehn Minuten bis zwei Stunden

Laufen lohnt sich immer – auch wenn Sie nur zehn Minuten Zeit haben. Wir haben Ihnen acht Programme zusammengestellt, von zehn Minuten bis zu zwei Stunden.

10-Minuten-Training

Eine Verbesserung Ihrer Ausdauer erreichen Sie zwar mit diesem zeitlichen Aufwand nicht, aber es lohnt sich trotzdem: Sie verbrennen nämlich mindestens 150 Kalorien.

- **Tipp 1:** Traben Sie langsam los – und zwar so lange, bis der rechte Fuß zehnmal den Boden berührt hat. Im Anschluss daran folgt eine flotte Gehpause, die sich ebenfalls über zehn Schritte erstreckt. Nun laufen Sie 20 Schritte und machen danach 20 Schritte Walking-Pause. Das Programm sollten Sie bis auf 80 Lauf- und Gehschritte erweitern. Sobald Sie hier angelangt sind, geht es im gleichen Rhythmus die Pyramide zurück (bis Sie wieder bei zehn Schritten angelangt sind).
- **Tipp 2:** Folgendes (etwas härtere) Training eignet sich für Läufer, die sich in zehn Minuten auspowern wollen. Tippeln Sie die erste Minute mit langsamen Schritten. Steigern Sie dann im Minuten-Rhythmus Ihr Tempo, bis Sie nach der Hälfte des Trainings Ihre Topgeschwindigkeit erreicht haben. In den verbleibenden fünf Minuten reduzieren Sie das Tempo wieder. Die letzte Minute sollten Sie dann locker walken. Sie haben noch ein paar Minuten übrig? Nutzen Sie diese Zeit für Stretching.

Barfußlaufen:
Starkes Training
für die Füße.

20-Minuten-Training

Kurz und knackig: Mit dieser Lauf-Kombination trainieren Sie bereits Ihre Ausdauer (und die Kraft).

Das Programm: Traben Sie sich vier Minuten ein. Während dieser Zeit können Sie auch einige Übungen aus dem Lauf-ABC absolvieren – also zum Beispiel Anfersen, Hopsersprünge oder Kniehebeläufe. Nun folgt eine Minute mit maximaler Geschwindigkeit und im Anschluss daran eine Minute Erholung in Form langsamen Trabens. Wiederholen Sie diese Kombination aus Be- und Entlastung siebenmal. Die verbleibende Zeit (zwei Minuten) als Cool-down nutzen. Sollte dieses Training zu hart sein, können Sie die Erholungsphasen um zehn Sekunden verlängern (und die Belastungsphasen um 10 Sekunden verkürzen).

Extra-Tipp: Das Intervalltraining können Sie auch sehr gut auf dem Laufband im Studio absolvieren. Um den Luftwiderstand zu simulieren, sollten Sie die Steigung auf etwa 1,5 Prozent einstellen.

30-Minuten-Training

Wer nicht immer mit dem gleichen Tempo laufen will, muss sich im Training mehr anstrengen. Eine gute Möglichkeit bietet das Laktatschwellentraining. Hier trainieren Sie genau in dem Tempo, bei dem der Muskulatur noch genügend Sauerstoff zur Verfügung steht, sodass sie kein Laktat (Milchsäure) bildet. Läuft man regelmäßig in diesem Tempo, können Sie diese individuelle Schwelle nach oben verschieben (und auf Dauer schneller laufen). Klasse: Eine Einheit pro Woche reicht dazu aus! Zwei Trainingsmöglichkeiten stehen zur Wahl:

- Variante 1 – der Tempodauerlauf: Fünf Minuten langsam einlaufen. Dann folgen 20 Minuten im Schwellenbereich, bei dem das Tempo etwa 90 Prozent der maximalen Herzfrequenz ($220 - \text{Alter} \times 0{,}9$) entspricht. Die verbleibenden fünf Minuten widmen Sie dem Cool-down.

- VARIANTE 2 – die Schwellenintervalle: Ebenfalls aufwärmen. Im Anschluss daran folgen dreimal 1200 Meter im Schwellentempo mit je 60 Sekunden Trabpause. Auch hier die restliche Zeit auslaufen.

40-MINUTEN-TRAINING

Training auf der Kunststofflaufbahn mit Stoppuhr kann richtig spannend sein. Vor allem, wenn Sie dieses Programm ausprobieren!

DAS PROGRAMM: Starten Sie das Training mit einem achtminütigen Warm-up-Lauf. Jetzt folgen zweimal 200 Meter auf je zwei Minuten. Je schneller Sie laufen, desto länger ist die Pause – also strengen Sie sich an! Jetzt folgen 400 Meter, die ebenfalls innerhalb von zwei Minuten gelaufen werden müssen. Jetzt haben Sie zwei Minuten Trabpause, bis das Trainingsprogramm erneut beginnt.

Wiederholen Sie das skizzierte Trainingsprogramm noch weitere zwei Mal. Nach diesem harten Training haben Sie sich die acht Minuten Cool-down (z. B. Walking) wirklich verdient!

50-MINUTEN-TRAINING

Ein super Work-out für Läufer, die eine schnelle Zeit auf zehn Kilometer erzielen wollen, denn es bringt Tempohärte und Tempoausdauer.

DAS PROGRAMM: Laufen Sie sich zehn Minuten ein (Tempo so wählen, dass Sie sich noch locker unterhalten könnten). Dann folgen fünf Belastungsabschnitte, die je vier Minuten lang sind. Wählen Sie ein Tempo, das Sie etwa zehn bis fünfzehn Minuten durchhalten würden. Nach jeder dieser Belastungen folgt eine dreiminütige Pause, in der Sie langsam traben. Beenden Sie das Programm mit fünf Minuten Cool-down.

WICHTIGER HINWEIS: Mit zunehmender Trainingsdauer wird sich Ihre Regenerationsfähigkeit verbessern. Dann können Sie die Pausen verkürzen. Damit Sie sich nicht überlasten, sollten 70 Prozent Ihres Trainings im ruhigen Grundlagenausdauerbereich absolviert werden. Die restliche Zeit können

Sie mit schnellen und harten Einheiten füllen. Wichtig ist, dass die Gesamtstrecke des Intervalltrainings etwa acht bis zehn Prozent Ihrer Wochen-Kilometerzahl nicht überschreitet.

60-MINUTEN-TRAINING

Mit dem abwechslungsreichen Mix aus langsamen Abschnitten und schnellen Sprints verbessern Sie sowohl Ihre Ausdauer als auch Ihre Koordination.

DAS PROGRAMM: Nach einem zehnminütigen Warm-up laufen Sie drei Abschnitte à sechs Minuten. Das Tempo so wählen, dass Sie sich mit etwa 90 Prozent der maximalen Herzfrequenz belasten. Nach den ersten beiden Belastungen folgt eine Minute Pause, nach dem dritten Abschnitt gibt es drei Minuten Erholung.

Im Anschluss stehen 3 × 1000 Meter an. Die sollten Sie hart laufen. Legen Sie nach den ersten beiden Tausendern zwei Minuten Pause ein und nach der letzten 1000-Metern-Belastung vier Minuten.

Bevor das Training fast vorbei ist, folgen noch viermal 200 Meter auf dem Programm. Die sollten Sie auf zwei Minuten laufen (Sie wissen ja: je schneller, desto länger die Pause). Die harte Trainingsstunde beenden Sie mit lockerem Traben.

90-MINUTEN-TRAINING

Dieses Programm ist ein komprimierter Dauerlauf. Er beinhaltet sowohl die positiven Fatburn-Effekte eines ruhigen 2-Stunden-Laufs als auch die Laktatschwellen-Komponente, die der langsame Dauerlauf nicht leistet.

Eine ideale Alternative zu den oftmals monotonen Ausdauerläufen der Mittelstreckenspezialisten.

DAS PROGRAMM: Nach dem zehnminütigen Warm-up laufen Sie zunächst 20 Minuten auf Tempo. Die Geschwindigkeit richtet sich nach dem Puls – der sollte in dieser Zeit bei etwa 90 Prozent der maximalen Herzfrequenz (Hfmax) liegen. Den Tempo-Abschnitt können Sie auch splitten. Zum Beispiel in zweimal neun Minuten (mit zwei Minuten Pause dazwischen) oder dreimal sechs Minuten (mit je einer Minute Erholung zwischen den Tempo-Abschnitten). Übrigens: Die 90 Minuten können Sie auch andersherum gestalten. Indem Sie die letzten 20 Minuten als Tempo-Segment laufen, optimieren Sie Ihre Kraftausdauer für den Endspurt.

120-Minuten-Work-out

Die langen Einheiten sind Pflicht in einer seriösen Marathon-vorbereitung. Sinn ist es, den Fettstoffwechsel zu trainieren. Mit folgendem Programm entfliehen Sie der Trainingsroutine.

Das Training: Sie haben richtig geraten – auch der lange Lauf beginnt mit einer zehnminütigen Aufwärmphase. Danach müssen Sie 20 Minuten Tempo machen (bei 90 Prozent der Hfmax), um im Anschluss daran wieder 20 Minuten an der Schwellengrenze zu laufen. Wie Sie die Tempoeinheiten gestalten, entnehmen Sie bitte dem Trainingsplan für 90 Minuten. Übrigens: Sie können das Work-out variieren, indem Sie die Tempophasen verlängern oder verkürzen. Wichtig ist nur, dass das Schwellentraining innerhalb eines langen Laufs nicht mehr als 50 Minuten einnimmt. Nutzen Sie dieses Work-out als einen gelegentlichen Ersatz für den traditionellen Dauerlauf. Aufgrund der höheren Belastung sollten Sie dieses Programm nur einmal in drei Wochen absolvieren – und auf keinen Fall zwei Wochen vor dem Marathon!

LAUFTAGEBUCH

Eine gründliche Trainingsdokumentation ist nicht nur im Profibereich die Basis des Erfolgs. Sportliches Training ist immer sehr langfristig ausgelegt. Mit dem Tagebuch können Sie Ihre Trainingsfortschritte, aber auch Fehler analysieren. Lernen Sie aus diesen Fehlern, die auch jedem Profi unterlaufen können. Erfolgreiche Programme bauen Sie aus. Wichtig ist, dass Sie ehrlich zu sich selbst sind, sonst ist die Mühe des Aufschreibens völlig umsonst. Gestehen Sie sich selbst ein, wenn es mal nicht so gut läuft, aber auch, wenn Ihnen Flügel wachsen.

Das Lauftrainingstagebuch ist ähnlich aufgebaut wie die Trainingspläne. Sie finden von links nach rechts: den Wochentag, die Trainingsform, die Trainingsdauer, gelaufene Kilometer, das Tempo pro Kilometer, den Trainingsinhalt, Ihre Herzfrequenz bei Belastung und Ihr Befinden, Ihren morgendlichen

Ruhepuls und Ihr Gewicht und Platz für Kommentare zum Wetter (z. B. Temperatur, Luftfeuchtigkeit und Bekleidung). Ganz unten finden Sie links die Summe der Kilometer und der Trainingszeit in dieser Woche. Rechts daneben eine große Spalte für Ihre Beurteilung der gesamten Woche, in der Sie besondere Vorkommnisse eintragen können.

TAG, DATUM	DAUER	KM	TEMPO min/km	TRAININGSINHALT, BEFINDEN, PHYSIOTHERAPIE	PULS, GEWICHT	WETTER
Montag						
Dienstag						
Mittwoch						
Donnerstag						
Freitag						
Samstag						
Sonntag						
Woche			Wochenkommentar			
Wochensumme						

Unser Tipp:
Kopieren und
ausfüllen!

Wettkampf-Vorbereitung

Vor einem Wettkampf sind viele wichtige Dinge zu regeln: auf die Toilette gehen, letzte Carbos laden, auf die Toilette gehen, Ausrüstung checken, auf die Toilette gehen, Startnummern befestigen – und natürlich auf die Toilette gehen. Das Wichtigste allerdings wird in der Aufregung oft vergessen: das Aufwärmen. Dabei kann dieser Punkt entscheidend für die Frage sein, ob es ein guter oder ein schlechter Wettkampf wird. Wir sagen Ihnen, wie Sie sich optimal auf Betriebstemperatur bringen.

MIT WELCHEN BEWEGUNGEN? Das beste Warm-up vor dem Laufen ist natürlich Laufen. Stretching wäre jetzt übrigens falsch – gedehnte Muskeln bringen keine Höchstleistung.

WIE LANGE AUFWÄRMEN? Das hängt von drei Faktoren ab: von der Distanz, vom Trainingslevel und vom Wetter. Bei langen Rennen mit lockerem Anfangstempo hilft ein kurzes, etwa zehnminütiges Warm-up, Energie zu sparen. Im Extremfall, z. B. im Startkorridor-Gedränge vor einem Stadtmarathon mit Tausenden von Teilnehmern, reicht ein lockeres Auf-der-Stelle-Laufen aus. Für kurze, harte Rennen allerdings empfiehlt sich bei gutem Trainingszustand ein ausführliches Aufwärmen bis zu 30 Minuten. Diese Dauer gilt auch für kaltes, windiges oder regnerisches Wetter. Teilen Sie das Warm-up in drei gleich lange Phasen.

- PHASE 1: Starten Sie mit lockerem Joggen und steigern Sie die Belastung langsam, bis Ihre Herzfrequenz zirka 20 Schläge unter der anaeroben Schwelle liegt.

- PHASE 2: Streuen Sie 30 Sekunden lange Intervalle im geplanten Wettkampftempo ein. Minimal zwei, maximal fünf Minuten vor dem Startschuss sollten Sie aber Ihre Position einnehmen. Wenn Sie länger stehen, verringern sich die Vorteile des Aufwärmens – und das Risiko steigt, dass Sie jetzt noch einmal auf die Toilette gehen wollen.

- **PHASE 3:** Um nicht nervös auf der Stelle zu zappeln, machen Sie am besten die drei unten gezeigten Lockerungsübungen.

SPRUNGGELENK

KNIEGELENK

HÜFTGELENK

Ein Bein hinter dem Körper mit den Zehen aufsetzen. Den Knöchel entspannen, den Fuß zehnmal pro Richtung kreisen lassen.

Beine zusammen, ganz leicht in die Knie gehen. Arme locker auf den Oberschenkel ablegen. Zehn Hockkreisel in beide Richtungen.

Füße schulterbreit, die Hände in die Seiten stemmen. Lockere Kreisbewegungen mit der Hüfte ausführen, zehnmal in beide Richtungen.

So läuft's leichter·

Die folgenden Tipps zeigen Ihnen den einfachsten Weg, das Laufen zu genießen. Und sie helfen zugleich, aus Ihnen einen besseren, schnelleren, hoch motivierten Läufer zu machen.

- ## Die Übersicht behalten

Ein ganz einfacher Weg, das Trainingspensum nicht aus den Augen zu verlieren, ist ein simples Kreuz, das Sie an jedem Ihrer Trainingstage in den Kalender eintragen. Eine Studie der Universität Calgary in Kanada hat jetzt ergeben, dass die Sportler, die ihr Training immer wieder zurückverfolgen konnten, erheblich motivierter waren als jene in einer Vergleichsgruppe, die auf solche Einträge verzichtet haben.

- ## Weniger trainieren

Viele Läufer trainieren mehr als notwendig, um ihre Ziele zu erreichen. Anstatt einfach draufloszulaufen, sollten Sie erst mal Ihr Ziel analysieren und dementsprechend Ihren Trainingsumfang festlegen.

- ## Einfach länger laufen

Eigentlich würden Sie gern mal länger am Stück laufen. Dann könnten Sie einige Kalorien mehr verbrennen und so Voraussetzungen schaffen, eines Tages einen Marathon zu absolvieren. Leider sind Sie schon nach 30 bis 40 Minuten erschöpft. Dann versuchen Sie's mal mit einminütigen Geh-Intervallen alle neun Minuten. Wenn das noch zu anstrengend ist, gehen Sie nach jeweils vier Laufminuten für 60 Sekunden. Sie werden sehen: In kürzester Zeit sind Sie in der Lage, Ihre Laufzeit zu verdoppeln – und kommen so Ihrem ersten Marathon ein Stückchen näher.

- ## Routine entwickeln

Wenn Ihr Alltagsleben es irgendwie erlaubt, sollten Sie möglichst jedes Mal zur gleichen Zeit laufen. Jeden Tag erneut überlegen, welcher Zeitpunkt der beste wäre, vergeudet kostbare Zeit und Energie.

- ## Früh aufstehen

Wann immer es möglich ist, sollten Sie morgens gleich nach

dem Aufstehen loslaufen. Damit vermeiden Sie nicht nur, zweimal täglich duschen zu müssen; auch die Wahrscheinlichkeit, ganz aufs Laufen zu verzichten, sinkt deutlich. Jeder weiß: Je weiter der Tag voranschreitet, desto mehr Ausreden findet man und desto eher kann Unvorhergesehenes Sie und Ihre Pläne stören.

- ### DIE STIMMUNG STEUERN

  Negative Gedanken oder Schmerzen können einen guten Lauf ganz schnell in einen schlechten verwandeln. Denken Sie dann an Zeiten, in denen Sie noch schlechter in Form waren. Das hilft oft schon, die kleine Laufkrise zu überstehen und den Spaß am Laufen zu reaktivieren.

- ### DAS GEHIRN AUSSCHALTEN

  Reservieren Sie einen Tag pro Woche als Locker-Lauf-Tag. Achten Sie dann nicht auf Zeit, Distanz oder Schrittfrequenz. Laufen Sie einfach drauflos und genießen Sie Ihren Körper und Ihre Lieblingssportart.

- ### KLEIDUNG BÜNDELN

  Sammeln Sie Ihre schmutzige Laufkleidung in einem separaten Wäschesack, den Sie zusammenknoten und anschließend mit in die normale Wäsche packen. Auf diese Weise müssen Sie die gewaschene Wäsche nicht mehr mühselig nach jedem Stück Ihrer Laufausrüstung durchforsten. Und die Gefahr, dass eines Ihrer Lieblingsstücke im Trockner landet, ist dadurch wesentlich geringer.

- ### AUF DEN KÖRPER HÖREN

  Wie viel Erholungszeit sollte man seinem Körper zwischen zwei Trainingseinheiten gönnen? Fragen Sie drei Trainer, und Sie bekommen drei Antworten. Die Alternative: Lernen Sie, auf die Signale Ihres Körpers zu hören: Pausieren Sie so lange, bis Sie sich wieder fit fühlen.

- ### SCHRANK ORGANISIEREN

  Reservieren Sie im Kleiderschrank ein Regalbrett oder eine Schublade nur für die Laufbekleidung. Auf diese Weise müssen Sie sich nicht jedes Mal zu einer aufreibenden und wohnungsweiten Suche nach den Schuhen, Shorts oder Laufsocken machen. Wenn Ihr Schrank bereits aus allen Nähten zu platzen droht, sortieren Sie jene Kleidungsstücke aus, die Sie mindestens ein Jahr nicht mehr getragen haben.

- ### SPORTZEUG ZURECHTLEGEN

Wer morgens läuft, legt sich möglichst am Abend zuvor seine Laufkleidung (inklusive Schuhe) komplett vor das Bett, sodass er sie sehen kann. Wenn der Wecker klingelt, kann man so viel einfacher vom Bett aus in die Funktionsklamotten schlüpfen und starten.

- ### IM VORAUS PACKEN

Wer jeden Tag trainiert, sollte die Trainingstasche am Sonntagabend mit allen notwendigen Kleidungsstücken und mindestens drei Paar unterschiedlichen Laufschuhen für die ganze Woche füllen. Dann muss man sich nämlich die restlichen Tage nicht mehr darum kümmern. Das klingt vielleicht alles ziemlich banal, spart aber wirklich einen Haufen Zeit.

- ### GARDEROBE CHECKEN

Geben Sie es ruhig zu: Bevor Sie laufen, verschwenden Sie schon mal kostbare Zeit mit Gedanken über Ihr Outfit. Passt das Shirt farblich zur Hose? Um modische Entgleisungen von vornherein auszuschließen, sollten Sie Laufbekleidung in soliden Basic-Farben kaufen, die zusammenpassen. Und denken Sie daran: Schwarz passt zu allem!

- ### GUTE SOCKEN

Die lohnen sich auf jeden Fall. Wählen Sie Socken mit guter Passform. Sie dürfen auf keinen Fall scheuern oder Falten werfen. Wenn sie außerdem aus einer Kunstfaser bestehen, halten sie Ihre Füße nahezu trocken. Und schmerzhafte Blasen bleiben Ihnen erspart.

- ### REGELMÄSSIG VIEL TRINKEN

Sie wissen ja, dass Sie täglich 1,5 bis zwei Liter Flüssigkeit in Form von nicht alkoholischen und nicht koffeinhaltigen Getränken zu sich nehmen sollten. Wenn Sie besonders hart trainieren, sogar noch mehr. Machen Sie es sich einfach: Stellen Sie jeden Tag die Flaschen Mineralwasser auf den Schreibtisch, die Sie dann am Abend ausgetrunken haben müssen.

- **Clever einkaufen**

  Wenn Sie normalerweise nach dem Job laufen, sollten Sie beim nächsten Einkauf gleich zwei Shampoos, Deos und sonstige Toilettenartikel, die Sie nach dem Laufen benötigen, einkaufen. Behalten Sie ein Set immer in Ihrer Trainingstasche. So sparen Sie Zeit und Konzentration, die Sie sonst beim Zusammensuchen dieser Gegenstände unnötig verschwenden.

Extra-Tipp: Laufen bei Hitze

Dreißig Grad im Schatten, die Sonne brennt. Klar, dass Sie bei solchen Bedingungen Ihr Training auf den kühleren Teil des Tages verlegen. Wenn Sie jedoch planen, auch an heißen Tagen Wettkämpfe zu bestreiten, muss sich Ihr Körper vorher daran gewöhnen, bei starker Hitze die volle Leistung zu bringen. Schließlich finden viele Zieleinläufe bei Höchsttemperaturen statt. Reichlich Flüssigkeit, helle Kleidung und ein Kopfschutz sind zwar notwendig, aber nicht ausreichend, um eine kräftezehrende Hitzeschlacht schadlos zu überstehen.

Tipp 1 – Langsam akklimatisieren: Auch wenn Ausdauertraining physiologisch gesehen bereits per se eine milde Hitzegewöhnung ist, bedeutet körperliche Anstrengung bei Temperaturen von über dreißig Grad eine enorm hohe Belastung für das Kreislaufsystem. Lebensbedrohliche Symptome wie Schwindelgefühle, ein pulsierender Kopfdruck, extreme Muskelschwäche und Desorientierung können Sie mit einer Vorbereitungsphase von einer Woche vermeiden.

Ziel der Hitzeakklimatisation ist es, dass mehr Schweiß bei geringerer Körperkerntemperatur abgegeben wird und so die Haut kühlt. Diese Temperaturregelung erreichen Sie nur durch ein langsam gesteigertes aerobes Training bei einer Temperatur von mindestens 30 Grad!

Tipp 2 – Extensiv statt intensiv: Übertreiben Sie es in den ersten heißen Tagen nicht. Lassen Sie Ihrem Organismus Zeit, sich an die Hitze zu gewöhnen. Tägliche Trainingseinheiten zwischen einer und maximal zwei Stunden sind dafür ideal.

Aufgrund der stark beanspruchten Hautdurchblutung werden Niere, Leber und arbeitende Muskulatur weniger versorgt. Folge: schnelle Übersäuerung der Muskulatur und rapide Abnahme der Leistungsfähigkeit. Vermeiden Sie intensive Belastungen und trainieren Sie lieber länger (extensiv) als härter (intensiv).

TIPP 3 – IMMER DEN PULS CHECKEN: Achten Sie darauf, dass Sie die Intensität von 70 Prozent Ihrer persönlichen Bestleistung nicht überschreiten. Trainieren Sie sicherheitshalber mit einem Pulsmesser. Nicht wundern, wenn Sie bei Ihrem gewohnten Tempo einen ungewohnt hohen Puls haben – denn der kann um 15 Schläge ansteigen.

TIPP 4 – DEHYDRATION VERMEIDEN: Viele Athleten schwören auf flüssiges Glycerin, weil es – mit ausreichend Wasser eingenommen – eine Erhöhung der Gesamtwassermenge im Körper (Hyperhydration) verursacht. Allerdings zeigen Studien, dass es zu Nebenwirkungen wie Beschwerden im Magen-Darm-Trakt und zur Zerstörung von roten Blutkörperchen (Hämolyse) kommen kann. Wer es trotzdem selbst ausprobieren will: Glycerin gibt's in Apotheken, 100 Milliliter kosten etwa drei Euro. Drosseln Sie bei Anzeichen von Überhitzung sofort das Tempo und nutzen Sie jede Gelegenheit, Beine, Kopf und Nacken mit kaltem Wasser zu erfrischen. *Tipp:* Wenn Sie alleine trainieren, sollten Sie immer mit einem praktischen Hüftgürtel mit Trinkflaschenhalterung unterwegs sein.

Bei der Kleidung haben Sie übrigens die Wahl zwischen Pest und Cholera – schwarze Shirts vermindern die UV-Belastung (im Gegensatz zu weißen Shirts), sorgen aber gleichzeitig für einen Temperaturanstieg von bis zu sechs Grad! Topless sollten Sie nur laufen, wenn Sie bereits vorgebräunt sind.

DAS MARATHON-
TRAINING

Für einen Marathon braucht man drei Dinge: eine starke Motivation, einen guten Trainingsplan und ein gesundes Herz. Die erste Voraussetzung erfüllen Sie, denn Sie lesen schließlich weiter. Damit wäre dann am Ende des Kapitels auch die zweite Voraussetzung erfüllt. Die dritte Voraussetzung bescheinigt Ihnen Ihr Arzt.

Und weil Sie sich jetzt bestimmt fragen, woher Sie die Grundlagenausdauer für den Marathon nehmen sollen (und nur die brauchen Sie), steigen wir gleich ruck, zuck ein – denn … die allerwichtigste Einheit in der Marathonvorbereitung ist der lange Lauf. Darauf kommt es an.

DER LANGE LAUF

• WIE LANGE SOLLEN SIE LAUFEN?

Auf keinen Fall so lange, wie die Beine Sie tragen. Wenn Sie für gewöhnlich eine Stunde joggen, können Sie den ersten langen Lauf um zirka zehn bis 15 Prozent steigern. Eine Stunde und zehn Minuten reichen dann aus – um mehr sollten Sie den Umfang pro Woche prinzipiell nicht steigern. Nur auf diese Weise können sich Ihre Muskeln optimal an die längeren Belastungen gewöhnen.

• GIBT'S KEIN LIMIT NACH OBEN?

Prinzipiell gilt: Bei einem langen Lauf dürfen Sie nicht länger unterwegs sein als bei Ihrem Marathon – außer Sie laufen diese Strecke in 2:10 Stunden, dann sind drei Stunden okay. Diese Obergrenze gilt übrigens für alle Läufer!

• SOLL ICH MICH VERAUSGABEN?

Äußerst wichtig: Lange Läufe können nicht langsam genug sein. Der Puls sollte zirka 70 Prozent der maximalen Herzfrequenz betragen. Auch wenn Ihnen das sehr langsam vorkommt (und Sie von anderen Läufern überholt werden), sollten Sie das Tempo nicht anziehen. Der Grund: Nur bei dieser Herzfrequenz befinden Sie sich im Fettstoffwechsel. Und wenn der nicht trainiert wird, brechen Sie beim Marathon ein – garantiert. Schließlich sollten Ihre Muskeln bei diesem Lauf extrem lange submaximal kontrahieren können.

• Also ständig lange Laufen?

Meistens genügen ein bis zwei lange Einheiten pro Woche. Den Rest sollten Sie abwechslungsreich und kürzer gestalten. Zirka drei Viertel Ihres Trainings müssen in diesem langsamen Tempo absolviert werden – den Rest füllen wir in den folgenden Plänen mit schnelleren Einheiten auf, bei der die Herzfrequenz auf bis zu 90 Prozent der maximalen Herzfrequenz steigt.

• Wie bringe ich Abwechslung in das monotone Training?

Bei langen Läufen ist es sehr schwer, einen Laufpartner zu finden – denn jeder muss in seinem Tempo laufen. Bitten Sie doch Ihre Freundin, Sie mit dem Fahrrad zu begleiten – sie kann dann auch als Wasserträgerin herhalten. Musik ist gut, solange sie nicht puscht. *Tipp:* Entscheiden Sie sich für ein Mini-Radio mit einem eingebauten Synthesizer-Tuner. Das passt sogar in die Schlüsseltasche der Laufhose.

• Ab wann sollte man trinken?

Wenn Sie weniger als 90 Minuten unterwegs sind, brauchen Sie nichts. Erst ab dieser Dauer wird es kritisch – dann sollten Sie sich aber schon vom Start an alle 30 Minuten verpflegen. Tipp dazu: Trinkgürtel mit bis zu acht Plastikflaschen sind wesentlich praktischer als eine Fahrradflasche.

• Und ab wann was essen?

Kohlenhydrate sollten Sie sich bei sehr langen Läufen (ab 2,5 Stunden) regelmäßig zuführen. Viel besser als eine große Banane sind Energie-Gels. Planen Sie Ihre langen Läufe so, dass Sie auf jeden Fall ausreichend Nahrung und Wasser zu sich nehmen können. Legen Sie sich zu diesem Zweck entweder ein Depot an oder überzeugen Sie Ihre Freundin doch noch von der Idee, Sie per Rad zu begleiten.

• DARF ICH PAUSEN MACHEN?

Unterbrechungen sollten maximal zwei Minuten lang sein –
dann kommen Sie leichter wieder in den Rhythmus. Langsam
gehen ist besser, als komplett zu stoppen (auch an den Verpflegungsstationen).

WIE SCHNELL KÖNNEN SIE BEIM MARATHON LAUFEN?

ZEIT AUF 10 KILOMETER IN MINUTEN	OPTIMALZEIT MARATHON UNTER GÜNSTIGSTEN BEDINGUNGEN	REALISTISCHE ZEIT IM ERSTEN MARATHON
60	4:45	5:20
58	4:31	5:00
56	4:21	4:52
54	4:12	4:42
52	4:03	4:32
50	3:53	4:16
48	3:39	4:01
46	3:30	3:50
44	3:21	3:41
42	3:12	3:31
40	3:03	3:18
38	2:54	3:07
36	2:45	2:58
34	2:35	2:47
32	2:26	2:37
30	2:19	2:23

DAS GEZIELTE MARATHON-TRAINING

Die folgenden Pläne sind in schwerere Belastungswochen und
leichtere Entlastungswochen strukturiert. Bitte halten Sie
sich an diese Vorgaben und machen Sie lieber etwas zu wenig

als zu viel – denn nur in den Ruhephasen baut Ihr Körper Form auf. Jetzt haben Sie die Wahl zwischen zwei Finish-Zeiten – nur die Strecke von 42,195 Meter ist immer gleich lang.

WICHTIGER HINWEIS: Alle Informationen zu den Trainingsbereichen und den Vorgaben finden Sie im Kapitel «Das gezielte Training» nochmal genauestens erklärt!

FÜR EINSTEIGER: MARATHON IN 4:59:59

Die Voraussetzungen: Sie haben bereits erfolgreich die Aufbau-Programme über 5, 10 und 21,1 Kilometer gemeistert. Sie laufen etwa zwei- bis dreimal pro Woche, und Ihre Bestzeit über zehn Kilometer liegt unter einer Stunde.

WOCHENTAG	TRAININGSFORM	DAUER	ZEIT/KM
WOCHE 1, 2 UND 3			
Montag	Ruhetag		
Dienstag	ET L + L-ABC	40 min	7:10 bis 7:20/km
Mittwoch	Ruhetag		
Donnerstag	ET M	50 bis 70 min	6:30 bis 7:00/km
Freitag	Ruhetag		
Samstag	Ruhetag		
Sonntag	ET L	70 bis 90 min	7:40 bis 8:10/km
WOCHE 4			
Montag	Ruhetag		
Dienstag	ET L	30 min	8:30 bis 9:00/km
Mittwoch	Ruhetag		
Donnerstag	Ruhetag		
Freitag	Ruhetag		
Samstag	Ruhetag		
Sonntag	ET L + L-ABC	90 bis 110 min	8:00 bis 8:10/km

WOCHENTAG	TRAININGSFORM	DAUER	ZEIT / KM
WOCHE 5, 6 UND 7			
Montag	Ruhetag		
Dienstag	ET L + L-ABC	60 min	7:10 bis 7:20 / km
Mittwoch	Ruhetag		
Donnerstag	ET M	50 bis 70 min	6:30 bis 7:00 / km
Freitag	Ruhetag		
Samstag	Ruhetag		
Sonntag	ET L	90 bis 120 min	7:40 bis 8:10 / km
WOCHE 8			
Montag	Ruhetag		
Dienstag	ET L	40 min	8:30 bis 9:00 / km
Mittwoch	Ruhetag		
Donnerstag	ET M	30 min	6:50 bis 7:00 / km
Freitag	Ruhetag		
Samstag	Ruhetag		
Sonntag	ET L + L-ABC	90 bis 110 min	8:00 bis 8:10 / km
WOCHE 9, 10 UND 11			
Montag	Ruhetag		
Dienstag	ET L + L-ABC	90 min	7:10 bis 7:20 / km
Mittwoch	Ruhetag		
Donnerstag	ET M	50 bis 70 min	6:30 bis 7:00 / km
Freitag	Ruhetag		
Samstag	EB	30 bis 50 min	6:20 bis 6:30 / km
Sonntag	ET L	110 bis 140 min	7:40 bis 8:10 / km
WOCHE 12 (WETTKAMPFWOCHE)			
Montag	RT	20 min	
Dienstag	Ruhetag		
Mittwoch	ET L	50 min	7:40 bis 8:10 / km
Donnerstag	EB + L-ABC	3-mal 2000 m	6:20 bis 6:35 / km
Freitag	Ruhetag		
Samstag	RT + L-ABC	20 min	
Sonntag	Wettkampf	42,195 km	4:59:59

RT (Regenerationstraining) bei etwa 60–70 % der maximalen Herzfrequenz (Hfmax);
ET L (langes, extensives Training) bei 70–75 % der Hfmax; ET M (mittleres, extensives Training) bei etwa
75–80 % der Hfmax; EB (Entwicklungsbereichtraining) bei etwa 80–85 % der Hfmax; FS (Fahrtspiel)
Geländelauf mit wechselnden Geschwindigkeiten; ID (intensiver Dauerlauf) bei etwa 85–90 % der Hfmax;
IDI (intensiver Dauerlauf in Intervallform) bei über 90 % der Hfmax;
L-ABC (Koordinationstraining); S (Stretching); KT (Krafttraining); TP (Trabpause).

FÜR TRAINIERTE:
MARATHON IN 3:59:59

Die Voraussetzungen: Sie laufen bereits seit einem Jahr regelmäßig. Dabei legen Sie bei drei Einheiten mindestens 25 Kilometer pro Woche zurück. Ihre Bestzeit über zehn Kilometer
liegt um die 50 Minuten.

WOCHENTAG	TRAININGSFORM	DAUER	ZEIT/KM
WOCHE 1, 2 UND 3			
Montag	KT	1 h	
Dienstag	ET M + L-ABC	60 min	5:50 bis 6:00/km
Mittwoch	Ruhetag		
Donnerstag	ET L	60 bis 80 min	6:30 bis 7:00/km
Freitag	Ruhetag		
Samstag	ET M + L-ABC	50 bis 60 min	6:00 bis 6:10/km
Sonntag	ET L	70 bis 90 min	6:40 bis 6:50/km
WOCHE 4			
Montag	Ruhetag		
Dienstag	ET L + L-ABC	40 min	6:50 bis 7:00/km
Mittwoch	Ruhetag		
Donnerstag	FS	40 bis 50 min	5:20 bis 7:10/km
Freitag	Ruhetag		
Samstag	KT	1 h	
Sonntag	ET L + L-ABC	90 bis 110 min	7:00 bis 7:10/km

WOCHENTAG	TRAININGSFORM	DAUER	ZEIT / KM
WOCHE 5, 6 UND 7			
Montag	KT	1 h	
Dienstag	ET L	80 bis 90 min	6:10 bis 6:30 / km
Mittwoch	EB	40 bis 50 min	5:20 bis 5:30 / km
Donnerstag	ET L	70 bis 80 min	6:00 bis 6:20 / km
Freitag	Ruhetag		
Samstag	ET M + L-ABC	50 bis 60 min	6:00 bis 6:10 / km
Sonntag	ET L	110 bis 125 min	6:40 bis 7:00 / km
WOCHE 8			
Montag	RT	20 min	
Dienstag	ET L + L-ABC	50 min	6:45 bis 6:55 / km
Mittwoch	Ruhetag		
Donnerstag	ET L + L-ABC	60 min	7:00 bis 7:05 / km
Freitag	Ruhetag		
Samstag	Ruhetag		
Sonntag	ET L + L-ABC	80 min	7:00 bis 7:10 / km
WOCHE 9, 10 UND 11			
Montag	KT	1 h	
Dienstag	ET L	90 min	6:05 bis 6:20 / km
Mittwoch	EB	45 bis 60 min	5:20 bis 5:35 / km
Donnerstag	ET M	60 bis 70 min	5:55 bis 6:10 / km
Freitag	Ruhetag		
Samstag	ET M + L-ABC	50 bis 60 min	6:00 bis 6:10 / km
Sonntag	ET L	120 bis 135 min	6:40 bis 7:00 / km
WOCHE 12 (WETTKAMPFWOCHE)			
Montag	RT	20 min	
Dienstag	Ruhetag		
Mittwoch	ET L	50 min	6:40 bis 6:40 / km
Donnerstag	EB + L-ABC	3-mal 2000 m	5:20 bis 5:35 / km
Freitag	Ruhetag		
Samstag	RT + L-ABC	20 min	
Sonntag	Wettkampf	42,195 km	3:59:59

RT (Regenerationstraining) bei etwa 60–70 % der maximalen Herzfrequenz (Hfmax);
ET L (langes, extensives Training) bei 70–75 % der Hfmax; ET M (mittleres, extensives Training) bei etwa
75–80 % der Hfmax; EB (Entwicklungsbereichtraining) bei etwa 80–85 % der Hfmax; FS (Fahrtspiel)
Geländelauf mit wechselnden Geschwindigkeiten; ID (intensiver Dauerlauf) bei etwa 85–90 % der Hfmax;
IDI (intensiver Dauerlauf in Intervallform) bei über 90 % der Hfmax;
L-ABC (Koordinationstraining); S (Stretching); KT (Krafttraining); TP (Trabpause).

Mentaltraining für Läufer

Beim Marathon kommt es nicht nur auf die Beine an, sondern auch auf den Kopf – hier die besten Mental-Tipps!

1. Nutzen Sie das Training, um kritische Wettkampfsituationen zu simulieren. Da das zentrale Nervensystem nicht zwischen intensiver Visualisierung und realem Ereignis unterscheiden kann, können Sie Probleme hier positiv lösen. Je intensiver die Visualisierung, desto stärker später die Psyche. Falls Sie beim Rennen ans Aufgeben denken sollten, sind Selbstgespräche und Visualisierungen (z.B. wie Sie über die Ziellinie laufen) ebenfalls die besten Möglichkeiten, Schmerzen zu besiegen. Ziel ist es, Ängste abzubauen und das Vertrauen zu stärken.

2. Konzentrieren Sie sich beim Lauf nur auf das Hier und Jetzt und auf nichts anderes. Achten Sie dabei auf Ihre Technik – das lenkt vom Schmerz ab und ökonomisiert den Energieverbrauch.

3. Stecken Sie sich realistische Ziele, denn ohne Druck laufen Sie wesentlich befreiter.

4. Reagieren Sie auf keinen Fall spontan. Handeln Sie in einem Wettkampf überlegt. Wer früher erlebte Situationen im Vorfeld analysiert hat (zum Beispiel anhand von Videoaufzeichnungen), kann sich im Ernstfall seine Stärken und Schwächen ins Bewusstsein rufen und dann entsprechend auf diese reagieren.

DIE ERNÄHRUNG VOR DEM MARATHON

Durchstarten können Sie im Ausdauer-Wettkampf nur, wenn Sie sich perfekt ernährt haben. Damit Ihre Energiespeicher optimal gefüllt sind, müssen Sie ordentlich spachteln. Wir haben für Sie einen Speiseplan für den letzten Tag vor dem Start zusammengestellt. Ganz wichtig: Testen Sie die Bekömmlichkeit vorher schon mal während des Trainings.

8 UHR (FRÜHSTÜCK): Mixen Sie sich ein Müsli aus 50 Gramm Getreidemischflocken, einer Banane und einer Hand voll Rosinen und vermischen Sie es mit gesäuerten Milchprodukten wie Buttermilch, Joghurt oder Kefir. Ein kleiner Löffel Milchzucker regt die Verdauung an. Dazu gibt es Knäcke- oder Vollkornbrot (mit Margarine und Marmelade bestrichen). Als Getränk Kaffee und zusätzlich einen Shake aus Orangensaft und Schmelzflocken.

10 UHR (ZWEITES FRÜHSTÜCK): Auch jetzt werden wieder Kohlenhydrate gebunkert – diesmal in Form eines Weißbrötchens mit einem Becher Hüttenkäse. Trinken nicht vergessen: Apfelschorle (mit natriumreichem Mineralwasser).

12 UHR (MITTAGESSEN): Aus Ihren Lieblings-Kohlenhydraten (Pasta, Reis, Kartoffeln) kochen Sie sich eine Gemüsepfanne mit wenig Fett! Welches Gemüse Sie wählen, ist egal – nur keine Hülsenfrüchte oder Kohl. Als Nachtisch einen Becher Milchreis.

14 UHR (SNACK): Frischen Orangensaft (zirka 0,3 Liter) mit Schmelzflocken anrühren. Dazu gibt's eine Banane und zum Dessert noch was Süßes. Entweder ein Brötchen mit Marmelade oder einen Energieriegel.

16 UHR (ZWEITER SNACK): Ihre Freundin hat garantiert irgendwo Reiswaffeln versteckt. Die knabbern Sie jetzt und nehmen weitere 30 Gramm Kohlenhydrate zu sich. Damit Sie die Brösel besser schlucken können, mit 0,5 Liter Apfelschorle nachspülen.

18 Uhr (Abendessen): Ballaststoffe brauchen Sie jetzt keine mehr. Deshalb gibt's Puten- oder Hühnerfleisch – als Beilage Nudeln. Milchprodukte sind ab sofort ebenfalls tabu, besser ist ein Obstsalat. Aber ohne getrocknete Aprikosen (die quellen auf) und Kirschen (die binden Wasser).

20 Uhr (Imbiss): Wenn Sie die Reiswaffeln nicht mehr sehen können, greifen Sie jetzt zu italienischen Grissini.

22 Uhr (letzter Snack): Vor dem Schlafen noch ein letzter Happen. Und zwar mit wenig kurzkettigem Zucker, da sonst der Insulinspiegel drastisch ansteigt. Am besten ein Sportriegel mit mittelkettigen Kohlenhydraten.

4 Uhr (Frühstück): Wenn noch was von den Nudeln in Tomatensauce übrig ist, dann runter damit. Prinzipiell gilt: Finger weg von Ballaststoffen, besser sind Schmelzflocken eingeweicht in Apfelsaft. Toastbrot mit Marmelade können Sie bis zum Umfallen schaufeln.

6 Uhr (letzter Snack): Ihren Ernährungsmarathon haben Sie jetzt fast geschafft. Die Glykogenspeicher sind aufgeladen. Eine Banane (oder einen Sportriegel) können Sie bis zirka 60 Minuten vor dem Start noch essen. Ihren Durst löschen Sie mit einem halben Liter Sportgetränk mit Kohlenhydraten.

Beim Start und während des Marathons: Kurz vor dem Start noch ein kohlenhydratreiches Gel-Präparat mit etwa 200 Milliliter Wasser schlucken. Die ersten 20 bis 30 Minuten sind somit gesichert. Testen Sie aber zuvor auf alle Fälle die Verträglichkeit im Training. Denn beim Marathon gilt: No experiments in the battle!

Alle 30 Minuten verpflegen Sie sich mit einem weiteren Gel. Nehmen Sie das Gel etwa 200 Meter vor der nächsten Verpflegungsstation und spülen Sie mit 200 Milliliter Wasser nach. Je nach Umgebungstemperatur können Sie auch mehr Flüssigkeit zu sich nehmen. Testen Sie den Ernstfall bei langen Dauerläufen und bei unterschiedlichen Temperaturen. Mancher Läufer mag zusätzlich noch Bananen oder Energiedrinks. Der Bedarf an Kohlenhydraten ist allerdings durch die gute Versorgung vor dem Start und durch die Gels gedeckt.

42 Tipps für
42 Kilometer

1. Reiben Sie die Innenseiten der Oberschenkel und die Achseln mit Vaseline ein. Die Brustwarzen mit Tape abkleben (hilft gegen Scheuerwunden).

2. Tragen Sie Ihre Laufsocken, die Sie beim Marathon anhaben wollen, am Tag zuvor – das reduziert das Blasenrisiko.

3. Essen Sie Ihre Energiegels bereits 200 Meter vor der Wechselzone, dann können Sie sich voll auf die Wasserausgabe konzentrieren.

4. Benutzen Sie ein Startnummernband aus breitem Gummi, das Sie um die Hüfte tragen. An dem können Sie auch Energiegels festtapen.

5. Besorgen Sie sich für die Marathon-Vorbereitung ein weiteres Paar Schuhe, die Sie abwechselnd im Training tragen. So vermeiden Sie einseitige Überlastungen, die zu Verletzungen führen.

6. Üben Sie bei langen Läufen auch die Flüssigkeits- und Nahrungsaufnahme.

7. Oft werden die Becher bei den Verpflegungsstationen gereicht. Damit nur wenig Flüssigkeit aus dem Becher schwappt, sollten Sie ihn oben wie eine Schnabeltasse zusammendrücken (funktioniert nur bei Pappe, nicht bei Plastik).

8. Keine Experimente beim Marathon. Alles, was Sie tragen oder essen, sollten Sie bereits im Training ausprobiert haben!

9. Richten Sie am Tag vor dem Start zwei Wettkampf-Pakete her – also einen Stapel Ausrüstung, den Sie beim Marathon tragen (Schuhe, Socken, Hose, Shirt, Startnummer, Zeit-Chip), und den nummerierten Startnummernbeutel mit Dingen, die Sie danach brauchen (Trainingsanzug, komfortable Schuhe, Socken, Shirt, Energieriegel, Wasser, Geld, Mobiltelefon).

10. Falls es am Wettkampftag kühl sein sollte, lohnt es sich, ein altes Sweatshirt oder T-Shirt zu tragen, das Sie beim Startschuss einfach auf den Startblock schleudern. Einen ähnlichen Effekt erzielen Sie, indem Sie sich eine große Mülltüte überstülpen.

11. Fahren Sie rechtzeitig los! Da fast alle Teilnehmer mit den öffentlichen Verkehrsmitteln kommen, sind U-Bahnen und Busse so voll, dass man nicht mehr einsteigen kann.

12. Erscheinen Sie rechtzeitig zum Start, dann können Sie den Marathon entspannter angehen!

13. Auf der 42,195-Kilometer-Strecke zählt nur das Hier und Jetzt. Je realistischer Ihre Zielzeit, desto leichter und unbeschwerter werden Sie ins Ziel laufen.

14. Machen Sie sich vor dem Rennen schlau: Wo ist Ihr Startblock? Wo kann der Bekleidungsbeutel abgegeben werden? Wo treffen Sie sich mit Freunden? Das erspart Ihnen Stress und die nervige Sucherei am Wettkampftag. Teilen Sie Freunden mit, wo und wann Sie an welchen Streckenabschnitten sind und ob Sie links oder rechts laufen.

15. Greifen Sie bei der Pasta-Party am Vorabend ordentlich zu – die Kalorien aus den Kohlenhydraten brauchen Sie am nächsten Tag garantiert.

16. Wenn Sie am Abend vor dem Rennen ein Bier trinken wollen, nur zu – es sollte aber keine ganze Maß sein.

17. Da Sie drei Stunden vor dem Start unbedingt nochmals einen Kohlenhydratschub brauchen (z. B. Toast mit Marmelade), unbedingt rechtzeitig aufstehen.

18. Trinken Sie vor dem Start so viel, dass Ihr Urin fast farblos ist. *Tipp:* Taschentücher einpacken. Das Toilettenpapier aus den überfüllten Kabinen am Start ist oft aufgebraucht.

19. Suchen Sie sich für Ihre Premiere einen großen Lauf aus. Je mehr Teilnehmer, desto mehr ist auf der Strecke los. 42,195 Kilometer können nämlich sehr einsam und lange werden.

20. Ein Marathon ist ein Geduldsspiel. Wer zu schnell startet, bricht im zweiten Teil der Strecke garantiert ein. Die meisten Läufer, von denen Sie am Start überholt werden, holen Sie wieder ein.

21. Schlechter Schlaf in der Nacht vor dem Marathon ist völlig normal und kein Problem. Viel wichtiger ist, dass Sie die Tage davor gut geschlummert haben.

22. Genießen Sie jeden Kilometer. Ein Marathon ist kein Rennen, sondern eine Riesengaudi!

23. Falls Sie Ihre Zeit verbessern wollen, sollten Sie Ihren Fokus auf die zweite Streckenhälfte legen (so werden Weltrekorde aufgestellt).

24. Auch wenn es anfangs gut läuft, sollten Sie sich an Ihre Tempo-Tabelle halten. Wenn Sie bei Kilometer 35 immer noch frisch sind, dürfen Sie gerne anziehen.

25. Je schneller Sie nach dem Rennen ausreichend Kalorien und Flüssigkeit zuführen, desto rascher kommen Sie wieder auf die Beine.

26. Für jeden gelaufenen Wettkampfkilometer können Sie im Anschluss einen halben Tag trainingsfrei nehmen.

27. Nutzen Sie das Training, um sich auf die kritischen Momente vorzubereiten. Wer ans Aufgeben denkt, kann sich mit Selbstgesprächen («Ich habe hart trainiert») oder positiver Visualisierung (z. B. dem Zielbanner) helfen.

28. Vertrauen Sie auf unsere Marathon-Trainingspläne und halten Sie sich strikt an Tempo-, Strecken- und Belastungsvorgaben. Laufen Sie lieber einen Tick zu wenig.

29. Trinken Sie während des Marathons viel und regelmäßig. Wenn Sie Durstgefühl verspüren, ist es bereits zu spät.

30. Holen Sie sich so früh wie möglich Ihre Startnummer ab, um Stress zu vermeiden. Das Wettkampfbüro öffnet meistens einige Tage vor dem Start – da ist es viel ruhiger.

31. In Ihrem Startnummernbeutel findet sich oft ein Schwamm. Den unterwegs mit Wasser tränken, über dem Nacken und Kopf auswringen.

32. Laufen Sie in der Marathonvorbereitung regelmäßig im angestrebten Wettkampf-Tempo, um die Geschwindigkeit richtig zu verinnerlichen.

33. Bessere Kontrolle: Notieren Sie sich Ihre Marschtabelle mit einem wasserfesten Marker auf dem Unterarm.

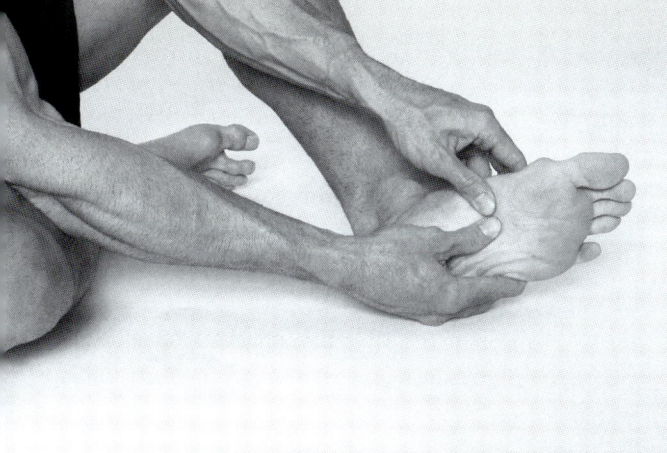

34. Pflegen Sie Ihre Füße. Nicht nur mit Massagen, sondern auch mit Pediküre. Schneiden Sie Ihre Zehennägel einige Tage vor dem Rennen, um doofe Verletzungen zu vermeiden.

35. Sex in der Nacht vor dem Marathon? Nach wissenschaftlichen Untersuchungen kein Problem. Suchen Sie sich aber eine gemütliche Position aus, die Sie nicht fordert.

Regelmäßige Massagen beschleunigen die Regeneration.

36. Packen Sie Ihre Wettkampftasche so, dass Sie auf jedes Wetter und jede Eventualität vorbereitet sind. Vertrauen Sie auf Ihre Vorbereitung, auch wenn Ihre Kumpels etwas anderes erzählen wollen.

37. Falls Sie morgens nicht aufs Klo können: Nach dem Aufstehen ein paar Minuten locker traben und ein Glas kaltes Wasser trinken – das regt Ihre Verdauung bestimmt an.

38. Lassen Sie sich bei langen Trainingsläufen von Ihrer Freundin auf dem Bike begleiten – das hilft gegen die Langeweile.

39. Schnüren Sie Ihre Schuhsenkel immer doppelt, damit sich der Knoten während des Marathons nicht lockert.

40. Der Tag vor dem Start dient der Ruhe. Marathon-Messen sind zwar interessant, aber das Herumlaufen ermüdet die Beine sehr stark.

41. Bleiben Sie am Start ruhig, das Gedränge löst sich bereits nach einem Kilometer.

42. Den letzten Schritt müssen, nein, den dürfen Sie selbst tun – melden Sie sich für einen Marathon an. Versprochen, das wird ein Meilenstein in Ihrem Leben.

Tipps für Marathon-Profis

Typische Fehler – und wie man sie vermeidet

Einmal haben Sie die 42,195 Kilometer schon absolviert. Aber mal ehrlich – wollten Sie nicht schneller sein? Wahrscheinlich haben Sie die typischen Fehler gemacht, die Sie nun beim zweiten Anlauf vermeiden können.

Fehler 1: Kein Ernährungsplan

Gerade beim ersten Lauf vertrauen viele Leute bei der Ernährung ganz auf die Verpflegungsstände. Dabei braucht jeder Körper zu einem anderen Zeitpunkt Energie – und nicht nur an anderen Ständen. Probieren Sie schon während des Trainings, ob Sie mit einer halbstündigen Kohlenhydratzufuhr zurechtkommen. Energiegels sind erste Wahl: Sie müssen weder gekaut noch mühsam vom Magen aufgespaltet werden.

Fehler 2: Falsches Training

Hatten Sie bei Kilometer 35 das Gefühl, gegen eine Wand zu laufen? Dann haben Sie den Fettstoffwechsel für die lange Distanz nicht ausreichend trainiert. Sie verbrauchen zu viele Kohlenhydrate, und ab einem gewissen Zeitpunkt geht Ihnen die Energie aus. Sie fühlen sich schwach, der so genannte Hungerast ist da. Deshalb ist es wichtig, dass Ihr Training zum Großteil aus langen Läufen mit niedriger Intensität besteht. Nur wenn Sie auch mal 2,5 Stunden im Fettstoffwechselbereich laufen, sind Sie fit für die große Runde.

Fehler 3: Veränderungen in letzter Sekunde

Wenn Sie neue Ernährungsprodukte oder Kleidung ausprobieren wollen, machen Sie das im Training, aber nie im Wettkampf! Auch wenn Ihre Kumpels die neuen Magnesiumtabletten noch so lange anpreisen, verzichten Sie darauf. Vielleicht bekommen Sie während des Marathons Magenkrämpfe.

Fehler 4: Selbstüberschätzung

Wenn Sie schon beim ersten Marathon unter 3:30 Stunden laufen wollen, gleichzeitig Familie und Beruf unter einen Hut bringen wollen, werden Sie Probleme bekommen. Denn Stress durch zu hoch gesteckte Ziele wirkt sich negativ auf Ihr Training aus. Übermotivierte laufen oft zu schnell und zu häufig und sind schon am Start ausgelaugt und übertrainiert.

Fehler 5: Falsches Timing

Auch die korrekte Vorbereitung sollten Sie trainiert haben. Stellen Sie sich vor, es wäre Renntag, und proben Sie bis zum Start alles durch. Zirka 20 Minuten vor dem Start beginnen Sie, sich ruhig einzulaufen. Erhöhen Sie Ihren Puls dann kurz bis zu Ihrer anaeroben Grenze, lassen Sie ihn langsam wieder sinken und begeben Sie sich dann in den Startbereich.

DAS
STRETCHING

Stretching ist eines der am meisten diskutierten Themen in der Sportwissenschaft. Die wichtigste Botschaft vorweg: Intensives Stretching macht Sie nicht nur beweglicher, sondern auch kräftiger. Denn beim Dehnen wirken die gleichen Kräfte auf Ihre Muskulatur wie beim Krafttraining.

PERFEKTES STRETCHING FÜR LÄUFER

Beim Dehnen geht es in erster Linie darum, Ihre Muskeln durch Bewegung in einem maximalen Radius zu stimulieren. Durch Stretching steigt die Toleranz der in der Muskulatur liegenden Spannungsfelder gegenüber den Dehnreizen. Sie können so Ihre physiologische Beweglichkeitsgrenze erweitern – zum Beispiel können Sie als Läufer Ihre Schrittlänge vergrößern und günstigere Hebelverhältnisse erzielen.

DIE STRETCHING-TECHNIK

Den besten Einstieg bietet statisches Stretching, Fortgeschrittenen ist dynamisches Dehnen zu empfehlen. Kontrollierte Schwingungen sind übrigens besser als ihr Ruf. Die entwickelten Schwungkräfte sind laut Studien so gering, dass weder die nachgesagte hohe Verletzungsgefahr noch die reflexartige Kontraktion der Muskulatur bestätigt werden kann. Im Gegenteil: Dynamisches Dehnen ist die optimale Trainingsvorbereitung, da die Dehnungsreize in ihrer Art den nachfolgenden körperlichen Belastungen ähneln. Besonders bei der Vergrößerung des Bewegungsradius stellt sich die dynamische Dehnung als die erfolgreichste Methode heraus.

DER RICHTIGE ZEITPUNKT

Vorsicht: Längeres statisches Dehnen kann leistungsmindernd wirken, weil dann die Kontraktionsfähigkeit der Muskeln und die Eigenschaft, Bewegungsenergie zu speichern, verloren gehen kann. Für Schnellkraftsportler ist das fatal.

QUICK-CHECK: STRETCHING ...

... steigert den Kraftzuwachs der Muskeln um bis zu 19 Prozent;

... erweitert den Bewegungsradius Ihrer Muskulatur (ganz wichtig für Läufer);

... macht beweglicher;

... stärkt das Bindegewebe;

... fördert die Regenerationsfähigkeit der Muskeln und verringert somit die Pausenzeiten zwischen zwei Trainingseinheiten.

Profis sollten sich darum eher aktivierend mit dynamischem Dehnen vorbereiten. Stretching ist als Warm-up nicht unbedingt notwendig, wohl aber nach dem Cool-down am Ende eines Trainings. Das dynamische Dehnen fördert dann durch den stetigen Wechsel zwischen An- und Entspannung die Durchblutung Ihrer Muskulatur.

- SO LANGE SOLLTEN SIE STRETCHEN
Dehnen Sie sich so lange, bis Sie eine intensive Spannung in Ihrer Muskulatur wahrnehmen, auf keinen Fall jedoch Schmerz! Tasten Sie sich bei jedem Durchgang aufs Neue an die Spannungsgrenze heran. Ganz wichtig: Beenden Sie eine Dehnung nie ruckartig. Lösen Sie stattdessen die Spannung ganz langsam. Und genießen Sie nicht allein die physischen, sondern auch die wohltuenden psychischen Effekte des Stretchings.

LOCKER ZUR BESTFORM: STRETCHING FÜR LÄUFER

Folgende Übungen sind für Läufer ideal. Bei der Auswahl haben wir Stretching-Übungen für Einsteiger und Fortgeschrittene unterschieden.

- EINSTEIGER-TRAINING: Halten Sie dreimal hintereinander jede der Einsteigerübungen zehn bis 20 Sekunden lang.
- PROFI-TRAINING: Federn Sie langsam und kontrolliert in der jeweiligen Endposition dreimal 20 Sekunden lang.

WADENMUSKULATUR

Einsteiger: Der Fuß des hinteren zu dehnenden Beins steht ganzflächig auf dem Boden. Drücken Sie dann die Ferse bewusst nach unten. Verlagern Sie nun das Gewicht auf das vordere Bein, die hintere Ferse behält Bodenkontakt.

Profi: Die Ausgangsposition wie beim Einsteiger. Doch anstatt das hintere Bein zu strecken, wird es gebeugt, ohne dass sich die hintere Ferse vom Boden anhebt. Die Dehnung geht so tiefer in den Muskel.

OBERSCHENKEL-BEUGERMUSKULATUR

Einsteiger: In der Rückenlage stellen Sie beide Beine auf. Legen Sie über den Fußballen eines Beins ein Handtuch. Ziehen Sie dann den Oberschenkel zum Oberkörper. Versuchen Sie nun, beide Beine in den Kniegelenken zu strecken.

Profi: In der Schrittstellung stellen Sie den Fuß des hinteren Beins im rechten Winkel zum vorderen Fuß auf. Kniegelenk des vorderen Beins beugen. Den Brustkorb auf den Oberschenkel legen, mit beiden Armen umfassen. Nun das Gewicht auf das hintere Bein verlagern und dabei das Kniegelenk beugen.

INNERE OBERSCHENKEL-MUSKULATUR

Einsteiger: Legen Sie sich ein paar Zentimeter von der Wand entfernt auf den Rücken. Strecken Sie die Beine an der Wand nach oben aus. Beim Ausatmen führen Sie die Beine so weit wie möglich nach außen. Den Druck können Sie mit Ihren Händen leicht verstärken.

Profi: Legen Sie sich auf den Rücken und beugen Sie beide Beine. Eine Hand umfasst das Kniegelenk und zieht das Bein zum Oberkörper ran. Das andere Bein wird gestreckt zur Seite geführt und sanft nach außen gedrückt. Oberkörper und Becken bleiben ruhig!

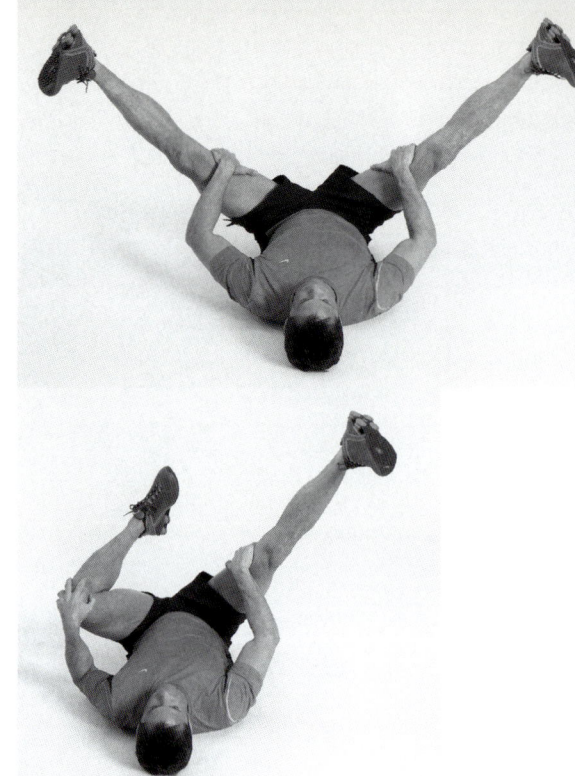

OBERSCHENKEL-STRECKERMUSKULATUR

Einsteiger: Aufrecht stehen (bei dieser Übung können Sie sich auch mit einer Hand festhalten). Einen Fuß nach hinten anziehen, mit der Hand am Gelenk greifen (nicht an den Zehen). Standbein leicht beugen und nun die Hüfte nach vorne schieben.

Profi: Bei dieser Übung können Sie auch einen Stuhl als Hilfe benutzen, der einen Teil Ihres Körpergewichts trägt. Halten Sie den Oberkörper gerade, umfassen Sie den Knöchel des angewinkelten Beins. Ziehen Sie nun die Ferse zum Gesäß. Das Becken dabei nicht nach vorne kippen.

GESÄSSMUSKULATUR

Einsteiger: Setzen Sie sich mit aufrechtem Oberkörper und entspannten Schultern auf einen Stuhl oder eine Kiste. Legen Sie einen der Knöchel auf das gegenüberliegende Knie, drücken Sie das gekreuzte Bein vorsichtig zum Oberkörper. Lehnen Sie sich gleichzeitig mit geradem Rücken einige Zentimeter nach vorne, bis Sie eine Dehnung spüren.

Profi: Setzen Sie sich auf den Boden, winkeln Sie dabei ein Bein wie im Schneidersitz an. Stellen Sie den Fuß des anderen Beins auf Kniehöhe an der Außenseite des gebeugten Beins ab. Versuchen Sie nun, den Oberschenkel des aufgestellten Beins so weit wie möglich zu sich zu ziehen. Der Rücken bleibt dabei gerade.

HÜFTBEUGERMUSKULATUR

Einsteiger: Gehen Sie in die Schrittstellung und setzen Sie ein Bein erhöht auf einem Kasten ab. Verlagern Sie nun Ihr Gewicht auf das erhöhte Bein, während Sie das hintere Bein bewusst in der Hüfte strecken.

Profi: Machen Sie einen großen Ausfallschritt nach vorn. Stützen Sie sich mit den Armen auf dem Oberschenkel des vorderen Beins ab. Das hintere Bein wird dabei so weit wie möglich gestreckt, der Unterschenkel des vorderen Beins steht senkrecht. Senken Sie nun das Becken zum Boden.

SEITLICHE RUMPFMUSKULATUR

Einsteiger: Stehen Sie aufrecht, die Beine sind etwa schulterbreit auseinander gestellt. Strecken Sie nun einen Arm nach oben und beugen Sie den Oberkörper zur Seite, bis Sie eine Spannung im seitlichen Rumpfbereich wahrnehmen.

Profi: Stellen Sie das Bein der zu dehnenden Seite hinter das andere Bein. Neigen Sie den Oberkörper zur Seite und strecken Sie dabei den Arm der gedehnten Seite über dem Kopf aus. Nun bewusst die Hüfte zur Seite schieben.

UNTERER RÜCKEN

Einsteiger: Legen Sie sich auf den Rücken – am besten auf eine weiche Unterlage (Gymnastikmatte). Ziehen Sie nun beide Beine zum Oberkörper und umklammern Sie diese mit den Händen. Erhöhen Sie den Druck, bis Sie eine Dehnung im unteren Rücken wahrnehmen.

Profi: Begeben Sie sich in den Vierfüßlerstand, Hände und Knie jeweils schulterbreit auseinander. Nacken und Rücken bilden eine Gerade. Nun das Gesäß in Richtung Ferse senken, der Oberkörper orientiert sich zum Boden. Die Arme weit nach vorn!

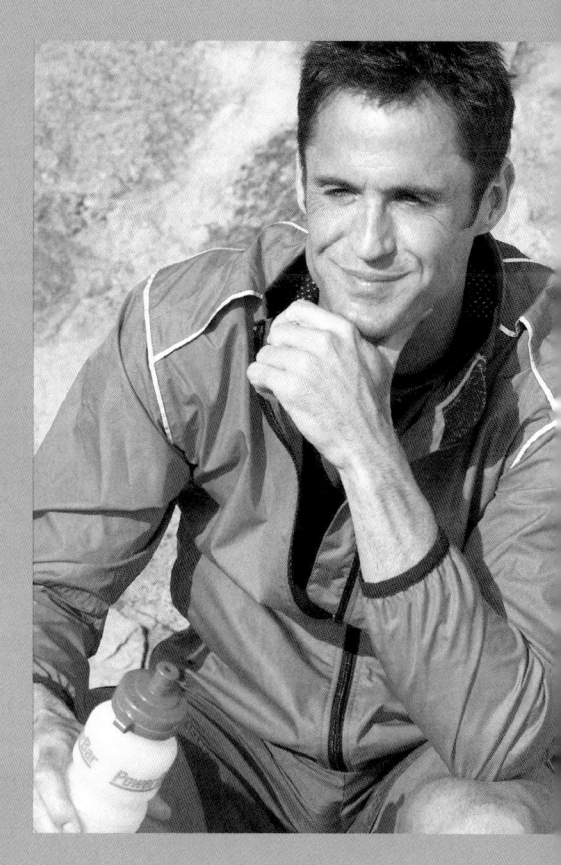

DIE
REGENERATION

SCHNELLER AUF DEN BEINEN: DIE BESTEN REGENERATIONSTIPPS

Um das Verletzungsrisiko zu reduzieren und um das Wohlbefinden und das Leistungspotenzial zu steigern, müssen Sie Ihrem Körper Ruhe-Phasen einräumen. Folgende Regenerationstechniken helfen Ihnen dabei:

DER SCHLAF

Die natürlichste Regenerationsmaßnahme des Körpers sorgt für eine Wiederherstellung der Muskeln, Sehnen und Bänder. Zudem werden die Energiespeicher aufgeladen und das Immunsystem stabilisiert oder gestärkt. Wichtig ist, dass der Schlaf mindestens 4 – 5 Stunden dauert. Um Schlafstörungen zu vermeiden, sollten Sie am späten Abend auf ein Training mit hoher Belastung verzichten. Übrigens: Falls Sie nach einem langen Lauf müde sind, dann legen Sie sich hin. Auch Profis schwören auf das Mittagsnickerchen!

DIE ENTSPANNUNGSDUSCHE

Die Dusche nach dem Training können Sie auch als regenerative Maßnahme nutzen, indem Sie mit dem warmen, kräftigen Wasserstrahl die ermüdeten Muskelgruppen massieren. Beenden Sie den Vorgang mit Wechselduschen, um Ihre Widerstandskraft gegen Infektionen zu erhöhen. Die Warmwasserphase (zirka 38 – 42 Grad) sollte etwa zwei Minuten dauern, die Kaltwasserperiode (zwischen 10 – 15 Grad) etwa 15 – 30 Sekunden. Wichtig ist, dass die Wechseldusche mit einem kalten Guss endet – dadurch können mögliche Entzündungsprozesse in Muskeln und Sehnen abklingen.

DAS ENTMÜDUNGSBAD

Durch die Wärmereize werden Schmerzen – beispielsweise in den ermüdeten Beinen – gelindert. Zudem wirkt sich die Auftriebskraft des Wassers positiv auf die Regeneration aus. Nach etwa 15 Minuten bei etwa 36 Grad sollten Sie sich warm einpacken und noch eine halbe Stunde ruhen. Sind Sie völlig platt, wie nach einem Marathon, sollten Sie sich im Anschluss kalt duschen, um den Stoffwechsel der Muskulatur und der Haut zu steigern.

DIE SAUNA

Regelmäßige Saunagänge entspannen nicht nur Körper und Geist, sondern sorgen auch für eine verbesserte Dehnbarkeit der Muskulatur und eine größere Gelenkbeweglichkeit. Wenn Sie direkt nach dem Lauftraining saunieren, sollten Sie sich auf einen Durchgang beschränken. Ganz wichtig: Nehmen Sie sich was zum Trinken mit, um die durch das Schwitzen bedingten Wasserverluste auszugleichen. Saunieren nach skandinavischer Art (mit Bier) sollten Sie lieber lassen, da Alkohol die regenerativen Prozesse beeinträchtigt.

DAS AQUA-JOGGING

Keine Gelenkbelastung, ein minimales Verletzungsrisiko und ein maximaler Trainingseffekt – Aqua-Jogging ist nicht nur eine exzellente Ausdauersportart, sondern kurbelt zudem noch ruck, zuck die Regeneration an. Denn die massageähnliche Wirkung des Wassers beschleunigt den Abtransport von Stoffwechselprodukten. Das einzige Hilfsmittel, das Sie benötigen, ist ein Auftriebsgürtel mit EVA-Schaumteilen.
Je nach Zweck gibt es unterschiedliche Techniken.

1. SCHRITTLAUF ZUR REGENERATION: entspricht fast dem Trockenlaufen, aber die Unterschenkel werden bewusst gegen den Wasserwiderstand geführt.

2. KNIEHEBELAUF BEI PROBLEMEN IM RÜCKEN: die Knie abwechselnd mit hoher Frequenz anheben, bis der Oberschenkel waagrecht ist. Anschließend die Knie nach hinten ausstrecken.

3. ROBO-JOGG BEI KNIEBESCHWERDEN: eine Schreitbewegung, bei der die Knie durchgehend gestreckt bleiben und die Oberschenkel als Ganzes gegen den Wasserwiderstand nach hinten und nach vorne geführt werden.

DIE FLÜSSIGE ERNÄHRUNG

Mit Abstand der wichtigste Teil der Regeneration. Direkt nach dem Laufen müssen Sie zuerst Ihren Wasserverlust ausgleichen. Die exakte Menge ermitteln Sie, indem Sie sich vor und nach dem Laufen auf die Waage stellen und von der Differenz nochmals 0,5 Kilo abziehen. Da Sie einen großen Teil der getrunkenen Menge sofort wieder ausscheiden, sollten Sie auf jeden Fall mehr Flüssigkeit aufnehmen. Für Wasser können Sie den Flüssigkeitsverlust in Kilo mit dem Faktor 2 multiplizieren, bei natriumhaltigen Getränken genügt der Faktor 1,3. Wichtig: Die Mineralien Natrium, Kalium, Calcium und Magnesium werden über den Schweiß am stärksten ausgeschieden und müssen deshalb schnellstmöglich ersetzt werden. Dafür ist Mineralwasser mit folgender Dosierung optimal: maximal 1100 Milligramm Natrium, 100 Milligramm Magnesium und je 225 Milligramm Kalium und Calcium.

DIE FESTE ERNÄHRUNG

Den Regenerationsprozess können Sie auch mit spezieller Nahrung unterstützen. Hier die Bausteine, auf die es ankommt:

- KOHLENHYDRATE: Bei einer vollständigen Entleerung der Glykogenspeicher braucht der Organismus etwa 20 Stunden Zeit und eine Menge von 500 Gramm Kohlenhydraten (z. B. zehn große Pellkartoffeln), um die Energietanks wieder zu füllen. Wichtig: Vermeiden Sie nach dem Sport ballaststoffreiche Lebensmittel, die machen schneller satt und verhindern die ausreichende Kohlenhydrataufnahme.

- VITAMINE A, C und E sowie die MINERALIEN ZINK und SELEN unterstützen das durch das Training beanspruchte Immunsystem bei dem Kampf gegen die zellschädigenden freien Radikale. Allerdings wirkt die Schutzfunktion nur bei regelmäßiger Einnahme!

- CHROM und die VITAMINE DER B-GRUPPE beschleunigen die Einlagerung der Kohlenhydrate in der Muskulatur.

- ARGININ, GLUTAMIN und LYSIN sind die in der Regenerationsphase wichtigsten Aminosäuren, weil sie die Produktion von Wachstumshormonen stimulieren, die Zellmembranen stabilisieren und das Immunsystem stärken. Eier, Mixturen aus Getreide und Milchprodukte enthalten alle drei Stoffe.

ENERGIERIEGEL UND DRINKS ZUM SELBERMACHEN

Bei Belastungen über 90 Minuten müssen Sie Kohlenhydrate zuführen, um Ihren Energie-Level konstant zu halten. Damit Sie nicht andauernd teure Power-Riegel kaufen müssen, haben wir Ihnen ein paar Rezepte zusammengestellt!

DER REGENERATIONSRIEGEL Mit seiner Hilfe füllen Sie Ihre Energiespeicher mit Proteinen und Kohlenhydraten auf: 50 Gramm Haselnüsse hacken, je 100 Gramm Feigen und Datteln klein schneiden. Zwei Äpfel grob raspeln. 150 Gramm

Haferflocken und 150 Gramm Weizenmehl (beides aus Vollkorn) in eine Schüssel geben. Mit einem Viertelliter Wasser und fünf Esslöffeln Sonnenblumenöl verrühren. Danach das Obst und die Trockenfrüchte unterrühren. Ehe Sie alles zu einem Teig verrühren, mit einem Esslöffel Honig und einem Teelöffel Zimt und einer Prise Vanillezucker abschmecken. Legen Sie dann ein Blech mit Backpapier aus und streichen Sie den Teig auf. Bei 180 Grad etwa 35 Minuten backen. Noch warm in Portionsstücke schneiden.

DER AUSDAUERRIEGEL Werden die Riegel während der Ausdauerbelastung konsumiert, müssen sie zu mindestens zwei Dritteln aus Kohlenhydraten bestehen. Folgendes Rezept ergibt zwanzig leckere Riegel: Zwei Bananen, 200 Gramm Trockenaprikosen, 100 Gramm Trockenpflaumen, 200 Gramm Haferflocken, 60 Gramm Sonnenblumenkerne und 40 Gramm Leinsamen in einem Mixer zerkleinern. Das Eiweiß von sechs Eiern steif schlagen und unterheben. Den Teig mit Ahornsirup abschmecken und in einen Spritzbeutel geben. Den Ofen auf 160 Grad vorheizen und fünf Zentimeter lange Stränge auf ein mit Backpapier ausgelegtes Blech spritzen. Etwa zehn Minuten backen. Nach dem Abkühlen: Fertig zum Verzehr!

DER WETTKAMPF-DRINK Apfelschorle (Verhältnis: ein Teil Saft, drei Teile Wasser) ist effektiv und schmeckt superlecker. Wer jedoch Abwechslung will, kann sich auch folgenden Action-Drink mischen: 100 Gramm frische Erdbeeren und 100 Milliliter Apfelsaft sowie zwei Esslöffel Honig im Mixer pürieren und mit 100 Milliliter natriumhaltigem Mineralwasser auffüllen. Kleiner *Tipp:* Der Natriumgehalt des Wassers sollte bei mehr als 400 Milligramm pro Liter liegen, um den Salzverlust während der Belastung auszugleichen.

SELBSTMASSAGE FÜR LÄUFER

Kaum eine andere Regenerationstechnik ist so wohltuend wie die Massage. Mittels intensiven und langsamen Streichungen, muskelverformenden Knetungen oder entspannenden Schüttlungen wird die verspannte Muskulatur gelockert, die Blutzirkulation beschleunigt und der Stoffwechsel verbessert. Eine entspannende Entmüdungsmassage sollte direkt im Anschluss an eine harte Lauf-Einheit ausgeführt werden. Die Dauer beträgt mindestens 20 Minuten. Vorteil: Die Durchblutung wird gefördert, was einen schnelleren Abtransport von Stoffwechselprodukten zur Folge hat. Die wenigsten Hobbyläufer können es sich zeitlich leisten, drei- bis viermal pro Woche von einem Masseur behandelt zu werden. Deswegen haben wir Ihnen die wichtigsten Massage-Übungen für die beanspruchten Partien zusammengestellt. Das einzige Hilfsmittel, das Sie brauchen, ist Massageöl (gibt's in der Apotheke für zirka fünf Euro).

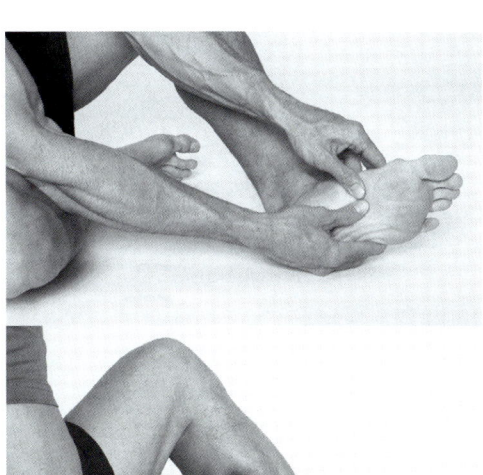

DIE FUSSSOHLE Setzen Sie sich aufrecht hin, schlagen Sie das linke über das rechte Bein, sodass Sie problemlos die linke Fußsohle erreichen können. Streichen Sie nun in Längsrichtung mit den Daumen und den Ballen die Fußsohlen aus. Mit der anderen Seite wiederholen.

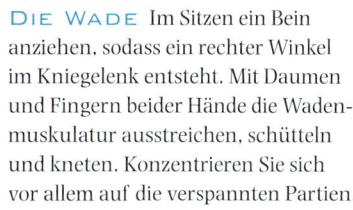

DIE WADE Im Sitzen ein Bein anziehen, sodass ein rechter Winkel im Kniegelenk entsteht. Mit Daumen und Fingern beider Hände die Wadenmuskulatur ausstreichen, schütteln und kneten. Konzentrieren Sie sich vor allem auf die verspannten Partien.

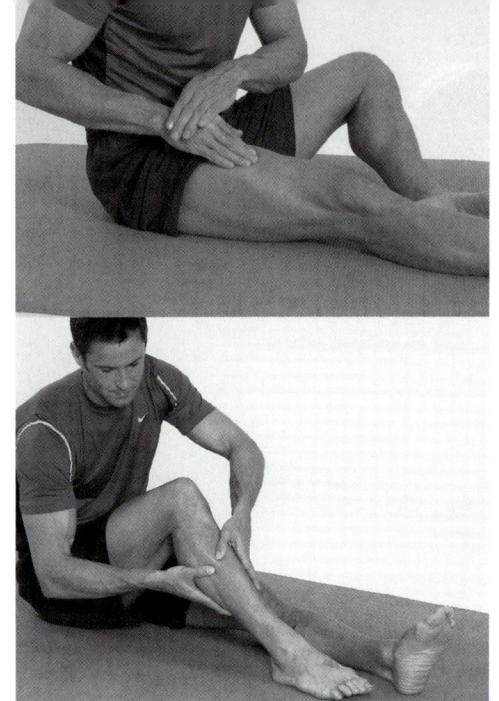

DIE OBERSCHENKELVORDER-SEITE Massieren Sie den Quadrizepsmuskel, indem Sie mit vier Fingern den Muskel in Richtung Kniegelenk ausstreichen. Die Bewegung kontrollieren Sie, indem Sie die zweite Hand als Führungshilfe benutzen. Diese Technik können Sie auch an der Innenseite (also den Adduktoren) anwenden.

DAS SCHIENBEIN Pressen Sie die Daumen beider Hände an die Schienbeinmuskulatur. Fangen Sie am Fußgelenk an und streichen Sie den Muskel gefühlvoll in Richtung des Kniegelenks aus. Meistens ist die obere Hälfte verspannter!

DER UNTERE RÜCKEN
Falls Sie unter einer verspannten Rückenmuskulatur leiden, können Sie sich mit dieser Stelle auf einen Tennisball legen und leicht auf ihm kreisen. Wählen Sie den Druck so, dass es noch für Sie komfortabel ist. Diese Technik eignet sich auch für die Gesäßmuskulatur.

DIE OBERSCHENKEL-RÜCKSEITE Legen Sie sich auf den Rücken, ziehen Sie ein Bein an. Drücken Sie nun die Fingerspitzen beider Hände in die Muskeln, sodass sie sich berühren. Streichen Sie dann den Muskel in Richtung Gesäß aus.

SCHUTZ VOR ÜBERTRAINING

Sie trainieren trotz privater und beruflicher Belastung wie ein Profisportler – und jetzt stagnieren die Leistungen? Dann liegt's wahrscheinlich an zu umfangreichen Ausdauerbelastungen zuzüglich einer sportlichen Überdosierung. Diesen Stress kann kein Körper auf Dauer kompensieren.

- **Die Symptome erkennen**

  Übertraining zu diagnostizieren ist sehr schwierig, da es keine eindeutigen medizinischen Befunde gibt. Am besten ist es immer noch, auf den eigenen Körper zu hören und seine Signale zu verstehen. Ein sicheres Zeichen für Übertraining ist es, wenn Belastungs- und Ruhepuls höher als normal liegen, der Maximalpuls jedoch seine Höchstmarke nicht mehr erreicht. Weitere Erkennungszeichen für Überlastung: schnelle Ermüdung, verschlechterte Koordination, Verletzungs- und Infektanfälligkeit, Konzentrationsschwäche, Nervosität, Gereiztheit, Schlaflosigkeit, Depression, Nachtschweiß, wenig Appetit und Lustlosigkeit, auch im Bett.

- **Die Sofortbehandlung**

  Innerhalb von zwei Wochen kann die komplette Symptomatik des Over-Reaching (also des Übertrainings) verschwinden, wenn Sie ruck, zuck reagieren. Am besten, Sie legen eine Pause ein. Wenn Sie dennoch Sport treiben wollen, dann nur mit abwechslungsreichem Training. Auf keinen Fall sollten Sie Übungen mit hoher Intensität ausführen. Auch Spezialtraining sollte tabu sein. Neben der physikalischen gibt's auch eine klimatische Therapie. Eine Reise in eine ruhigere Gegend kann sich positiv auf den Genesungsprozess auswirken.

- **Die Vorbeugung**

  Mit diesen Tipps vermeiden Sie die häufigsten Fehler:

1. Erholen Sie sich ausgiebig von harten Einheiten.
2. Steigern Sie die Anforderungen sorgsam. Also zuerst die Dauer der einzelnen Trainingseinheit, dann die Anzahl der

Trainingseinheiten in der Woche und erst zum Schluss die Intensität.

3. **Wichtig:** Sie sollten nur ein Viertel Ihrer gesamten Trainingsbelastung mit maximaler oder submaximaler Belastung ausüben.

4. Betreiben Sie Sportarten, die Ihnen richtig Spaß machen. So vermeiden Sie auch einseitige Belastungen.

So viel Pause sollten Sie sich gönnen

Belastung	Erholung
Leichtes Training	5 – 8 Stunden
Intensives Schnellkrafttraining	24 – 36 Stunden
Langes Kraftausdauertraining	24 – 48 Stunden
Training bis zur Erschöpfung	bis 72 Stunden

DAS
KRAFTTRAINING

KRAFT FÜR LÄUFER

Wie gut Ihre Laufleistung ist, hängt in erster Linie von Ihrem Stoffwechsel und Kreislauf ab – die Kraft spielt im Verhältnis dazu eine untergeordnete Rolle. Doch ganz auf Krafttraining sollten auch Einsteiger nicht verzichten. Denn durch spezifisch-antrainierte Kraft können Sie Ihre Lauf-Technik besser umsetzen und sich auch langfristig vor Verletzungen schützen, indem Sie zum Beispiel schädliche Ausweichbewegungen oder Fehlbelastungen vermeiden.

Zwar stärken Sie Ihre Beine bereits durch das Laufpensum, doch Muskelwachstum regen Sie mit einem konventionellen Training nicht an. Dazu muss der Belastungsreiz stärker sein. Ausnahme: Sie betreiben Hügeltraining.

Dicke Muskelpakete an den Beinen – wie sie zum Beispiel Sprinter haben – brauchen Sie sich nicht antrainieren. Das höhere Gewicht ist einer höheren Laufökonomie eher hinderlich, da die Muskulatur schneller ermüdet.

Läufer müssen also nicht Schnell- oder Maximalkraft trainieren, sondern ihre Kraftausdauer. Und das funktioniert mit niedrigen Gewichten, hohen Wiederholungszahlen und kurzen Pausen.

Für das Programm, das wir Ihnen zusammengestellt haben, brauchen Sie weder ein Fitness-Studio noch Geräte. Das Training mit dem eigenen Körpergewicht im Anschluss an das Lauftraining genügt, um muskuläre Defizite zu beseitigen.

GANZ WICHTIG DABEI: Achten Sie immer auf eine konzentrierte Bewegungsausführung. Entscheidend ist die Qualität, nicht die Quantität!

FÜR DEN RUMPF

Fliegerlaufen. Während des lockeren
Dauerlaufs die Arme seitlich halten.
Dabei darauf achten, dass Oberkörper
und Hüfte stabil bleiben und Sie
nicht einsacken. Profis strecken beim
Fliegerlaufen die Arme nach oben.
Optimales Training:
100 Meter, 2–8 Wiederholungen.

FÜR DIE BEINE

Vertikaler Hopserlauf. Sie springen mit
einem Bein ab und landen wieder auf
dem gleichen. Dann haben beide Beine
kurz Bodenkontakt, ehe Sie sich mit
dem anderen Bein abdrücken.
Je höher, desto besser. Ganz wichtig
dabei: Hüfte gestreckt lassen.
Optimales Training:
20–40 Wiederholungen, 2–8 Sätze.

FÜR DAS SPRUNGGELENK

Doc-Stepp.
1. Aufrecht stehen, Arme seitlich halten.
2. Mit dem gestreckten Bein einen Schritt
nach vorn. Ganz wichtig: Fußgelenk nun
dynamisch strecken, etwa zwei Sekunden
halten.
Optimales Training:
12 Wiederholungen pro Bein.

FÜR DIE OBERSCHENKEL, TEIL 1

Einbeinige Squats.

1. Gewicht auf ein Bein verlagern, die seitlich
ausgestreckten Arme dienen zur Balance.
2. Beim Absenken darauf achten, dass das
Kniegelenk nicht über die Fußspitzen guckt.
Optimales Training: pro Bein 6–8 Wiederholungen.

FÜR DIE OBER-SCHENKEL, TEIL 2

Koreanische Jumping-Jacks.
1. Stehen Sie aufrecht, die
Arme sind hinter dem Kopf.
2. Jetzt in die Knie gehen, die
Kraft beim Absenken trägt nur
ein Knie. Im Anschluss nach
oben drücken, mit dem anderen
Bein wiederholen.
**Optimales Training:
6–8 Wiederholungen pro Bein,
2 Sätze.**

FÜR DIE ARME
Vertikale Dips.
1. Im Hochzehenstand mit den Unterarmen – zum Beispiel an einem Baum oder einer Wand – abstützen.
2. Drücken Sie sich nun langsam ab und halten Sie dabei Körperspannung.
Optimales Training:
12–15 Wiederholungen, 3 Sätze.

FÜR DIE BRUST
Liegestütze stehend.
1. Einen Meter vor der Wand in den Hochzehenstand begeben.
2. Nun die Arme anbeugen, dabei den Körper auf Spannung halten.
Optimales Training:
12–15 Wiederholungen,
3 Sätze.

FÜR DIE UNTER-SCHENKEL

Knieheben.

1. An einer Wand abstützen und das Gewicht auf ein Bein verlagern.

2. Ferse des Standbeins explosiv anheben und dabei das Schwungbein anziehen. Auch hier auf Körperspannung achten!

Optimales Training: 12–15 Wiederholungen pro Bein, 2 Sätze.

FÜR DIE SCHULTER

Chinesische Liegestütze.

1. Arme etwa eineinhalb Meter vor den Füßen aufsetzen. Rücken und Beine sind gestreckt, in der Hüfte entsteht ein rechter Winkel.

2. Nun langsam absenken, bis der Kopf fast den Boden berührt.

Optimales Training: 6–8 Wiederholungen, 2 Sätze.

PERFEKTES HÜGELTRAINING

So erreichen Läufer mit Hügeltraining den Formgipfel. Besonders im Winter, wenn die kurzen Tage wenig Zeit zum Laufen lassen, bietet sich Hügeltraining als effektive Alternative zu langen Flach-Etappen an. Denn sobald es bergauf geht, werden Oberschenkel und Wadenmuskulatur stärker gefordert, ohne dabei die Gelenke stärker zu belasten. Im Gegenteil: Die Aufprallkräfte sind umso geringer, je steiler der Weg ist. Damit Sie aus dieser Trainingsform das Beste machen, haben wir Ihnen die wichtigsten Details zusammengestellt.

- **DIE TECHNIK:** Mit zunehmender Steigung verringert sich die Schrittlänge, der Abdruck verlagert sich auf die Fußballen. Der Körper wird stärker nach vorne geneigt, um seinen Schwerpunkt auf einem ökonomisch günstigen, niedrigen Niveau zu halten. Die Arme werden als Pendel verstärkt zur Unterstützung der Laufbewegung eingesetzt.

- **LANG UND LOCKER:** Für ausgedehnte Bergläufe sind 800 bis 1000 Meter lange Steigungen von drei bis fünf Prozent ideal. Laufen Sie solche Abschnitte nach einem 15-minütigen, lockeren Dauerlauf in zügigem Tempo hoch und traben Sie gemütlich zurück. Wiederholen Sie diese Prozedur fünf- bis zehnmal. Die Belastung liegt dabei im Bereich der anaeroben Schwelle.

- **KURZ UND HEFTIG:** Für Bergsprints empfehlen sich 100 bis 150 Meter lange Steigungen von fünf bis acht Prozent. Auch hier dient der Trab zurück zum Startpunkt als Erholungsphase. Die Belastung während der zehn bis fünfzehn Wiederholungen sollte im anaeroben Bereich, also nahe der maximalen Herzfrequenz liegen. Umso wichtiger sind dabei ein intensives Warm-up und langsames, lockeres Auslaufen.

- **IM FLACHLAND:** Dort, wo die Natur mit Hügeln geizt, muss man künstliche Erhebungen suchen. Rund um stillgelegte Kiesgruben, an Deichen oder an Brücken sind auch nördlich des Harzes ausreichend Steigungen zu finden. Ein idealer Ersatz für echte Berge sind Treppen. Laufen Sie einmal wöchentlich acht- bis zehnmal jeweils drei Minuten bergauf – und Ihre Formkurve zeigt nach oben!

• RISIKEN: Um Überlastungen, vor allem an den Waden, zu vermeiden, sollten Sie Ihre Muskulatur ganz langsam an die neue Bewegungsart gewöhnen. Eine Hügeleinheit pro Woche reicht aus, wenn Sie sich nicht gerade auf den Jungfrauen-Marathon in der Schweiz vorbereiten. Das größte Risiko lauert auf dem Rückweg: Bergablaufen beansprucht die Bänder im Bereich der Fuß- und Kniegelenke sehr stark. Halten Sie sich daher an das Motto: Lieber langsamer hoch als schneller runter.

DIE BESTEN ÜBUNGEN FÜR DEN RUMPF

Fürs Laufen ist nicht nur die Beinmuskulatur wichtig, sondern auch der Rumpf. Nur wenn das Körperzentrum stark und kräftig ist, kann die Technik optimal umgesetzt werden. Der Rumpf ist eine Art Widerlager für die Beine und verbessert so die Laufökonomie ganz erheblich. Darüber hinaus beugt ein starker Rumpf Verletzungen im Rückenbereich vor. Wichtig: Führen Sie die Übungen auf einer weichen Gymnastikmatte aus, um Rückenverletzungen zu vermeiden. Hier sind die drei besten Übungen:

DER CLASSIC-CRUNCH

Eine sehr gute Übung für die geraden Bauchmuskeln. Begeben Sie sich in Rückenlage und drücken Sie die Fersen in den Boden. Die Hände halten Sie dabei an die Schläfen, die Ellenbogen zeigen nach außen. Nun heben Sie Schulterblätter und Kopf vom Boden. Wichtig: Atmen Sie immer bei der Belastung aus!
Optimales Training:
12–15 Wiederholungen, 3–5 Sätze.

DIE OBLIQUE-CURLS

Bei dieser Ausführung werden die seitlichen Bauchmuskeln trainiert. Ausgangsposition ist die Rückenlage. Schlagen Sie nun das rechte über das linke Bein. Die linke Hand berührt die Schläfe (Kopf bleibt in Verlängerung zur Wirbelsäule), der rechte Arm ist seitlich abgelegt. Kontrahieren Sie die Bauchmuskeln, indem Sie die linke Schulter zum rechten Knie führen. Der Rücken bleibt dabei auf dem Boden.
Optimales Training:
12–15 Wiederholungen, 3–5 Sätze.

DIE CYCLE-CURLS

Top für die untere Bauchmuskulatur: Der Schultergürtel ist in der Rückenlage so weit angehoben, dass die Schulterblätter nicht mehr den Boden berühren. Die seitlich abgelegten Arme stabilisieren die Körperposition. Ziehen Sie nun die Beine im Wechsel zur Brust und strecken Sie diese dann wieder.
Optimales Training: 30 Sekunden,
3–5 Wiederholungen.

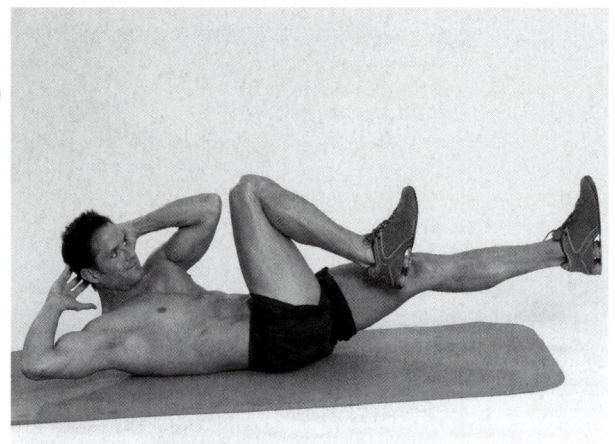

DER PUSH-AND-PULL-CURL

Nur für Profis: Die effektivste – aber
auch schwierigste – Variante einer
Bauchmuskelübung. In der Ausgangsposition befinden sich die Hände am
Kopf. Kopf und Schultergürtel nun
leicht vom Boden abheben. Die Beine
werden im Wechsel gestreckt. Je kleiner der Winkel, desto schwieriger.
Mit einer kontrollierten Bewegung
müssen Sie Ellenbogen und gegen-
überliegendes Knie zusammenführen.
Optimales Training:
20 – 30 Sekunden,
3 – 5 Wiederholungen.

DAS KOORDINATIONS- TRAINING

Ob Sie nun Einsteiger sind oder bereits Marathon-Erfahrung haben – Koordinationsübungen gehören in das Trainingsprogramm eines jeden Läufers. Ziel ist es, das Zusammenspiel der an der Laufbewegung beteiligten Muskeln zu verbessern. Klingt kompliziert, bedeutet aber in der Praxis einen ökonomischeren Schritt. Und daher auch schnellere und kraftsparendere Technik, da der Bewegungsablauf verbessert wird. Beim Koordinationstraining gibt's einen einfachen Grundsatz: Üben, üben, üben – bis eine Verbesserung eintritt. Vor allem Läufer, die zum Beispiel durch schnelle Richtungswechsel oder Training im Gelände ein Höchstmaß an Koordinationsvermögen und Balancegefühl benötigen, sollten neue Bewegungen im Training aufnehmen, um deren Grundmuster zu erlernen. Treten dann später ähnliche Bewegungsanforderungen auf, kann der Körper auf die erlernten Muster zurückgreifen. Das beliebteste Koordinationstraining ist das Lauf-ABC. Keine Bange, viele der Übungen kennen Sie noch aus dem Kindergarten.

So bleiben Sie locker

Während ambitionierte Läufer (vor allem Kurzstreckler) Koordinationsübungen in jede Trainingseinheit integrieren, reichen Einsteigern etwa ein bis zwei Einheiten die Woche. Als Dauer sind zwanzig bis dreißig Minuten optimal. Das müssen Sie beachten: Laufen Sie sich fünf bis zehn Minuten locker ein, um den Kreislauf in Schwung zu bringen. Ganz wichtig beim Lauf-ABC: Achten Sie auf eine qualitativ saubere Ausführung der Übungen. Daher sollten Sie das Koordinationstraining am Anfang der Trainingseinheit absolvieren, da zu diesem Zeitpunkt die Muskeln noch ausgeruht sind. Schließlich geht es um eine Verbesserung der intra- und intermuskulären Koordination.

UND AUSSERDEM:

1. Üben Sie am Anfang vor einem großen Spiegel. Dann können Sie die Bewegungsausführung genau kontrollieren.
2. Absolvieren Sie das Lauf-ABC immer im ausgeruhten Zustand. Wärmen Sie sich vorher mit einem lockeren Lauf auf.
3. Koordinationstraining erfordert Konzentration. Lassen Sie sich ausreichend Zeit.
4. Die Dauer jeder Übung beträgt etwa 30 bis 40 Sekunden oder Sie legen eine Strecke von etwa 30 bis 50 Metern zurück.
5. Keine Lust auf die Übungen? Dann laufen Sie abseits der befestigten Wege – schult die Koordination ebenso spielerisch.

DAS LAUF-ABC: DIE BESTEN ÜBUNGEN

ÜBUNG 1:
FUSSGELENKSARBEIT

Achten Sie darauf, die Bewegung aktiv aus den Fußgelenken heraus zu machen. Die Knie müssen nur ganz leicht angehoben werden, die Fußspitze berührt dabei fast noch den Boden. Sie können die Fußgelenksarbeit auch mit wechselnden Frequenzen durchführen. Zum Beispiel einige Meter mit sehr hoher Frequenz, dann wieder langsamer – aber stets konzentriert!

Übung 2: Skippings

Heben Sie die Knie mindestens in die Waagerechte. Die Arme unterstützen den Bewegungsablauf aktiv. Die Arme bilden im Ellbogengelenk einen Winkel von etwa 90 Grad. Versuchen Sie den Oberkörper aufrecht zu halten.

Wie auch bei der Fußgelenksarbeit wird der angehobene Fuß immer zuerst mit dem Fußballen aufgesetzt. Diese Übungen tragen damit zur natürlichen Laufbewegung bei und schützen Sie aktiv vor Verletzungen.

Übung 3: Anfersen

Das Anfersen ist eine einfache Lauf-ABC-Übung. Versuchen Sie bitte Ihre Ferse möglichst nah an das Gesäß zu bringen. Auch bei dieser Übung sollten Sie den Oberkörper aufrecht halten. Die Arme bilden einen Winkel von etwa 90 Grad und tragen wieder aktiv zur Bewegungsausführung bei.

Übung 4: Hopserlauf

Der Hopserlauf ist eine dynamische und kräftigende Übung. Mit viel Schwung bringen Sie ein Knie in Richtung Oberkörper und damit über die Waagerechte. Das andere Bein geht in die Streckung. Beide Arme wirken wieder aktiv mit.

Übung 6: Hock-Streck-Sprünge

Die Ausgangsposition ist die Hocke, die Arme sind dabei gestreckt vor dem Körper. Springen Sie nun nach vorne und landen Sie auf den Fußballen.

In der Flugphase wird der Körper komplett gestreckt. Bei dieser kraftvollen Übung reichen zehn Wiederholungen.

Übung 5: Überkreuzlauf

Der Überkreuzlauf ist eine der koordinativ anspruchsvollen Übungen. Sie verlangt Ihre volle Konzentration. Beim Überkreuzlauf bewegen Sie sich seitwärts und führen abwechselnd ein Bein über das andere Bein. Je kleiner Sie die Schritte machen, umso schneller und sauberer können Sie die Übung ausführen.

Übung 7: Steigerungsläufe

Am Ende des Koordinationstrainings können Sie Steigerungsläufe absolvieren. Dabei handelt es sich um Läufe von etwa 100 Metern Länge. Über die gesamte Länge wird dann das Tempo kontinuierlich gesteigert. Die Übung eignet sich hervorragend, um die Arm-Bein-Koordination zu schulen. Weil auch diese Übung sehr anstrengend ist, reichen drei bis fünf Steigerungen.

Extra-Tipp: Das Lauf-ABC für Profis

Sie können den Schwierigkeitsgrad der Übungen steigern, indem Sie die Bewegungen im Rückwärtslaufen absolvieren. Immer noch zu einfach? Dann kreisen Sie die Arme dazu – auch gerne gegenläufig zur Laufbewegung.

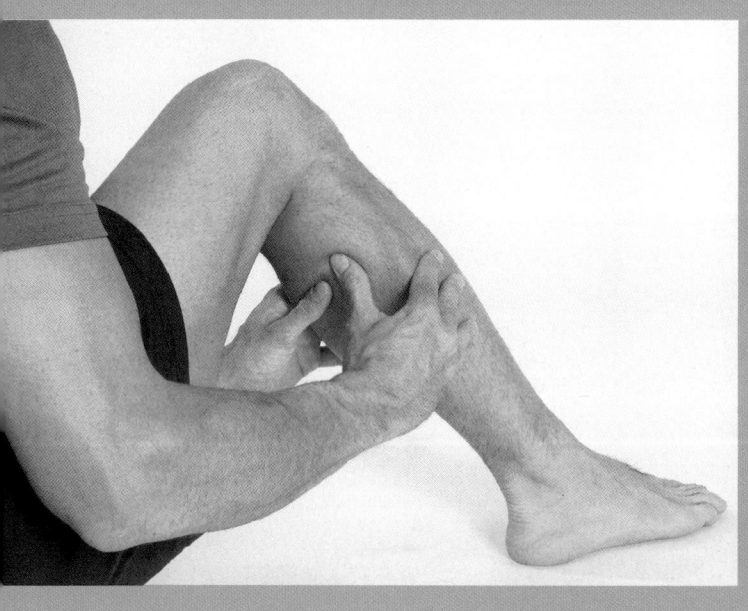

PROBLEME UND
VERLETZUNGEN

Richtiges Ver-
letzungsmanagement

Während Herz-Kreislauf-System und Muskulatur gut trainierbar sind, passen sich die Bindegewebestrukturen wie Sehnen, Bänder und Knorpel erst innerhalb von Monaten an höhere Belastungen an.

Drei Tage mit dem Training auszusetzen ist garantiert angenehmer, als für mehrere Monate auszufallen. Hören Sie deshalb auf die stillen Hilferufe Ihres Körpers, mit denen er meist gegen zu intensives Training protestiert. Wenn's trotzdem zwickt, hilft nur die richtige Behandlung. Aber das Nonplusultra ist natürlich die perfekte Vorbeugung.

So kommen Sie ohne Schmerzen durchs Training.

1. Schaffen Sie Grundlagen!

Setzen Sie sich ein realistisches Saisonziel und erarbeiten Sie sich einen langfristigen Trainingsplan. Am besten, Sie halten sich an einen unserer Trainingspläne. Und erhöhen Sie Trainingsumfang und Geschwindigkeit nie gleichzeitig. Um Überlastungen zu vermeiden, sollte die Steigerung im Vergleich zur Vorwoche nicht über zehn Prozent liegen.

2. Ernähren Sie sich clever!

Mit gezielter Ernährung können Sie den passiven Bewegungsapparat kräftigen. Sogar langfristige Belastungen sind dann kein Problem mehr. Bindegewebsstrukturen bestehen aus kollagenen, also tierischen Eiweißen. Der wichtigste Nährstoff für starke Sehnen und Gelenke ist die Kieselsäure mit ihrem zentralen Baustoff Silizium. Diese Substanz fördert die Bildung von kollagenen Eiweißfasern und sorgt für eine bessere Quervernetzung der Fasern mit der Grundsubstanz. Der passive Bewegungsapparat, also Sehnen, Bänder und Knorpel, wird durch die kieselsäurereiche Ernährung deutlich elastischer, belastbarer und auch fester.

3. FINGER WEG VON BLENDERN!

Greifen Sie nicht zu mineralischer Kieselerde oder zu Kiesel-
säure-Präparaten – die Aufnahmefähigkeit dieser Produkte
beträgt im Darm weniger als ein Prozent. Viel besser sind natürliche Lebensmittel. Optimal ist der Ackerschachtelhalm-
Extrakt. Aber Vollkornreis, Haferflocken, Hirse, Gerste oder
Bio-Kartoffeln sind auch empfehlenswert. Essen Sie bei Kartoffeln aus kontrolliertem Anbau unbedingt die Schalen mit,
in ihnen stecken nämlich Riesen-Portionen Kieselsäure.

4. TRINKEN SIE ORANGENSAFT!

Trinken Sie während der harten Leistungszyklen mindestens
einen Liter Orangensaft nach dem Training – am besten frisch
gepresst. In Studien wurde die beste Bindegewebsentwicklung
festgestellt, wenn die Ernährung reich an Silizium und an
Vitamin C war.

5. REGENERIEREN SIE RICHTIG!

Je schneller Sie nach dem Sport Eiweiß und Kohlenhydrate
aufnehmen, desto schneller kommt Ihr Körper in eine erho-
lende Stoffwechsellage. Natürliche Abbauvorgänge werden
effektiv gestoppt. Trinken Sie im Anschluss an die Belastung
(zusätzlich zum O-Saft) immer ein kohlenhydrat- und amino-
säurenreiches Regenerationsgetränk.

So vermeiden Sie typische Beschwerden

Ihr Körper verkraftet nur ein bestimmtes Maß an Belastung. Was darüber hinausgeht, macht sich erst mit Schmerzen, später mit Verletzungen bemerkbar. Und da sind wir schon bei den Gründen für die hohe Verletzungsrate bei Läufern: Sie liegt in der Nichtbeachtung von Warnsignalen, in der Selbstüberschätzung und dem Gebrauch falscher Schuhe. Andersherum gesagt: Wer sein Training vernünftig dosiert, den perfekten Laufschuh hat und immer auf den Körper hört, vermindert sein Verletzungsrisiko um 90 Prozent.

Überlastet oder verletzt?

Sie haben alles gegeben, doch das war wohl ein bisschen zu viel. Jetzt spüren Sie jeden Muskel und fragen sich, ob das noch normal ist oder doch schon gefährlich. Mit dem Stufenmodell finden Sie heraus, was Ihren Muskeln jetzt hilft.

Stufe 1: Die Muskelermüdung

Ihre Beine fühlen sich an wie Blei? Dann waren Sie übermotiviert und haben den beanspruchten Muskelgruppen zu wenig Erholung gegönnt. Der Energiespeicher Ihrer Muskeln ist leer, Stoffwechselprodukte wie Laktat erschweren die Muskelarbeit. Weichen Sie daher auf ruhige Belastungsformen im aeroben Bereich aus. Erst wenn Sie die Muskelprobleme beim Laufen nicht mehr spüren, sind Sie wieder voll einsatzfähig.

Stufe 2: Der Muskelkater

Einige Stunden nach intensiven Belastungen (zum Beispiel Hügeltraining) setzen stechende Schmerzen ein. Ihren Höhepunkt erreichen sie dann nach zwei Tagen. Schuld sind feinste Risse in der Muskulatur, die durch Krafteinwirkung unter enormer Dehnungsbelastung entstanden sind (Mikrotraumen). Konzentrische Arbeit wie Radfahren fördert jetzt die Durchblutung und beschleunigt den Heilungsprozess.

Vermeiden Sie Kraftbelastungen, solange Sie noch Schmerzen in den Muskeln verspüren.

Stufe 3: Die Muskelverletzung

Falls Sie nach Schnellkraftbewegungen (Sprints) akute Schmerzen spüren, haben Sie eine Zerrung. In schlimmen Fällen einen Muskelfaserriss, eventuell sogar einen Muskelbündelabriss. Kühlen Sie die betroffene Stelle sofort, um die entstandene Blutung im Muskel zu kontrollieren. Erst wenn Sie schmerzfrei sind, dürfen Sie das Training wieder aufnehmen.

Die häufigsten Probleme

Kleines Problem, große Wirkung: Schon geringfügige Beschwerden können einem die Lust am Laufen nehmen. Mit folgenden Tipps laufen Sie einfach unbeschwerter.

«Ich habe oft Sodbrennen»

Wenn Magensäure zurück in die Speiseröhre gelangt, entsteht Sodbrennen. Die Erschütterung beim Laufen kann diesen Vorgang begünstigen. Bei akuten Beschwerden helfen Medikamente (z. B. Maaloxan), die den Säuregehalt im Magen regulieren. Außerdem sollten Sie auf säurehaltige Mahlzeiten – wie zum Beispiel alle Früchte mit Vitamin C – vor einem Lauf verzichten.

«Ich habe oft Hüftschmerzen»

Wahrscheinlich ist Ihre Pomuskulatur zu schwach. Die sorgt beim Laufen für eine horizontale Lage des Beckens. Sind die Muskeln zu schwach, kippt das Becken zur Schwungbeinseite ab – das schmerzt auf Dauer. Quick-Fix: im seitlichen Stütz das obere Bein anheben und senken.

«Beim Laufen brummt der Schädel»

Kopfschmerzen sind oft ein Zeichen, dass dem Körper Wasser fehlt. Das Gehirn macht zwar nur ein Prozent unseres Körpergewichtes aus, benötigt aber 18 bis 20 Prozent des gesamten Wasserhaushalts. Trinken Sie deshalb etwa alle fünf Kilometer mindestens 50 Milliliter Wasser, um den Flüssigkeitsverlust durch Schwitzen auszugleichen.

«Ich habe oft Bauchweh»

Während Sie laufen, kann der Magen nicht verdauen. Denn das Blut wird ja in der Muskulatur gebraucht. Das Essen liegt Ihnen dann wie ein Stein in Magen oder Darm. Die letzte große Mahlzeit sollten Sie daher etwa drei bis vier Stunden vor dem Laufen einnehmen.

«Mein Rücken schmerzt regelmässig»

Vielleicht laufen Sie mit der falschen Technik. Wessinghage empfiehlt, sich an den Profis zu orientieren – die laufen alle auf dem Ballen. «Profis setzen den Fuß nicht mit der Ferse auf, sondern mit dem Mittelfuß, etwa in Höhe des Kleinzehen- ballens.» Vorteil: Die vorgespannte Beinmuskulatur fängt je- den Schritt weich ab und schont so die Wirbelsäule. Zudem sorgt diese Technik für eine aufrechtere Körperhaltung. Um erneuten Schmerzen vorzubeugen, sollten Sie die Bauchmus- kulatur und die langen Rückenstrecker kräftigen. Dadurch bekommt der Rumpf ein starkes Muskelkorsett, der Rücken wird stabil gehalten.

«Auch bei langsamem Tempo schnellt mein Puls ruck, zuck in die Höhe»

Ihnen fehlt wahrscheinlich die Grundlagenausdauer. «Laufen Sie ruhiger», sagt der Laufexperte. Die Faustformel für die optimale Herzfrequenz (180 minus Lebensalter) gilt nur für jeden zweiten Läufer. Wer sich beim Laufen noch entspannt unterhalten kann, hat das richtige Tempo gefunden.

«Ich bekomme oft Seitenstechen»

Wer das Tempo zu schnell anzieht, wird das unangenehme (jedoch harmlose) Stechen in der Rumpfseite bald spüren. Reduzieren Sie zuerst das Tempo, bis Sie Walking-Geschwin- digkeit erreichen. Dann nehmen Sie die Arme hoch, atmen dabei tief in den Bauch. Beim Ausatmen lassen Sie die Arme fallen und beugen den Oberkörper nach vorne. Tipp für Profis: Weiterlaufen und mit der Hand auf die schmerzende Stelle drücken, synchron zur Ausatmung. Dann den Druck lösen – idealerweise wenn das Bein der schmerzfreien Seite aufsetzt.

«MEINE HERZFREQUENZ ERHOLT SICH NACH DEM LAUFEN NUR SEHR LANGSAM»

Ein hoher Erholungspuls ist ein Signal, dass Sie für Ihren Trainingszustand zu schnell gelaufen sind. Auch hier gilt: Steigern Sie das Tempo langsamer! Wenn Sie gegen Ende des Trainings merken, dass Ihr Puls zu hoch ist, leiten Sie gleich in die Cool-down-Phase über und laufen gemütlich aus. Dadurch normalisiert sich die Herzfrequenz noch während der Belastung. *Tipp:* Kaufen Sie sich einen Herzfrequenzmesser zur Trainingssteuerung.

«SOBALD ICH LAUFE, SPÜRE ICH VERSPANNUNGEN IM NACKEN UND DER BRUST»

Achten Sie darauf, dass die Arme stets frei schwingen. Im Ellbogengelenk sollte ein rechter Winkel zu erkennen sein. Die Hände sind entspannt, leicht geöffnet, der Daumen liegt obenauf. Außerdem sollten Sie den Kopf in Verlängerung der Wirbelsäule halten und geradeaus schauen. Dadurch hebt sich der Brustkorb, und Sie atmen freier.

«BEIM LAUFEN BEKOMME ICH MEISTENS KRÄMPFE IN DEN WADEN»

Magnesium unterstützt die Erregungsübertragung vom Nerv auf den Muskel und übernimmt damit wichtige Aufgaben bei der Muskelkontraktion. Aber: Beim Schwitzen verliert der Körper viel Magnesium, die Muskeln verkrampfen leichter. Wenn der Krampf einsetzt, sollten Sie die betroffenen Muskeln dehnen. Das löst die Muskelspannung und nimmt den Schmerz. Um Krämpfen vorzubeugen, genügt die Einnahme von handelsüblichen Magnesium-Brausetabletten als Nahrungsergänzung – die muss allerdings über Wochen erfolgen, um ein positives Ergebnis zu erzielen.

«BEIM LAUFEN SCHEUERN SICH DIE SCHENKELINNENSEITEN AUF»

Diese Hautirritationen («Wolf») entstehen, wenn beim Laufen die Schweißsalzkristalle an den Oberschenkelinnenseiten aneinander reiben. Um das zu verhindern, sollten Sie kurze Running-Tights statt der üblichen Lauf-Shorts tragen. Es genügt schon, wenn die Tights über die dickste Stelle des Oberschenkels gehen. Wer nicht auf seine luftige Laufhose verzichten will, sollte sich mit Babypuder, Vaseline oder Babyöl an der Innenseite der Schenkel einreiben.

«Nach dem Laufen sind meine Beine immer hart wie Beton»

Beim Aufsetzen der Füße in der vorderen Stützphase kommt es bei jedem Schritt zu kleinen Erschütterungen in der Muskulatur. Diese exzentrische Belastung beansprucht die Muskulatur besonders stark. Deshalb ist es ratsam, am Ende des Trainings langsam auszulaufen, um die Muskulatur wieder aufzulockern. Wessinghage empfiehlt, für jeden gelaufenen Kilometer 100 Meter auszulaufen. Wenn Sie also zehn Kilometer laufen wollen, beginnen Sie nach etwa neun Kilometern damit, das Lauftempo zu drosseln. Durch abschließende Dehnübungen, speziell für die vordere und hintere Oberschenkelmuskulatur, die Wadenmuskulatur und das Gesäß, wird die Grundspannung der Muskulatur wieder hergestellt.

«Beim Laufen wird mir langweilig»

Die gewohnte Strecke andersrum laufen, sich eine ganz neue suchen – solche Tricks kennen Sie sicherlich. Es gibt aber noch eine ganz andere Strategie gegen die Lauf-Langeweile: Je schneller Sie laufen, desto weniger Gedanken können Sie sich machen. Wer immer nur schnell laufen will, der verkrampft physisch und mental, hat wenig Spaß am Laufen. Wenn Sie ihr Tempo reduzieren, nehmen Sie Ihre Umwelt viel bewusster wahr und finden genügend Möglichkeiten, mit Ihren Gedanken zu spielen.

«Ich bekomme ständig Blasen an der Ferse»

Bestimmt tragen Sie Baumwollsocken, die Ihnen außerdem zu groß sind – da ist die Blasenbildung programmiert. Optimal sind faltenfreie Laufsocken aus atmungsaktiven Funktionsfasern. *Tipp:* Behandeln Sie kleine Blasen mit einem Blasenpflaster (z. B. Compeed), dann heilt die Stelle ganz fix.

«Mein grosser Zeh schmerzt»

Ihre Schuhe sind definitiv zu klein. Der Fuß braucht beim Laufen mehr Platz als im Stehen. Deshalb muss vorne ein Fingerbreit Platz sein. Am besten, Sie kaufen Laufschuhe abends oder nach dem Training. Dann sind die Füße breiter und länger. Übrigens: Einige Hersteller bieten sogar Modelle in mehreren Breiten an.

Klassische Verletzungen

Neben den geschilderten Wehwehchen kommt es durch falsches Training oder ungenügendes Equipment oft zu schwereren Verletzungen. Wir erklären, wie es dann für Sie weiterläuft.

Achillessehnenreizung

Symptome: Nach der Einheit gestern Abend fühlten Sie sich noch pudelwohl. Ausgepowert, aber glücklich. Doch heute nach dem Aufstehen geht fast nichts mehr. Ihr Fußgelenk ist steif und unbeweglich, und der Schmerz strahlt bis in die Wade. Die Schwellung ist so extrem, dass Sie Ihre Achillessehne nur noch erahnen können.

Ursache: Ihre Wadenmuskulatur hat sich verkürzt. Dadurch verlagert sich die Belastung durch Ihr Körpergewicht beim Laufen auf Ihre Achillessehne, die ihrerseits auf diese große Inanspruchnahme mit einer heftigen Entzündung reagiert. Wahrscheinlich haben Sie in den letzten Wochen Ihren Trainingsumfang deutlich erhöht (mit Hügeltraining, hohen Intensitäten, schnellen Dauerläufen?) oder das Stretching nach dem Laufen vernachlässigt.

Behandlung: Umwickeln Sie die betroffene Stelle großflächig mit einer kalten Kompresse (Herstellung: einen Liter Wasser mit 20 Eiswürfeln abkühlen, die elastischen Binden darin einweichen). Tagsüber, wenn die Schmerzen zu groß sind, helfen entzündungshemmende Mittel wie Ibuprofen oder Diclofenac. Über die Nacht einen kühlenden Verband mit Doc-Salbe (Wirkstoff: Arnika) anlegen. Sollten Sie trotz Schmerzen jahrelang gelaufen sein, muss eventuell das narbig-verklebte Gleitgewebe operativ entfernt werden. Vermeiden Sie solche Super-Gaus, indem Sie gerade bei der Achillessehnenentzündung frühzeitig zum Arzt gehen.

SPORT ODER PAUSE? Setzen Sie mit dem Lauftraining aus, bis die Schmerzsymptomatik vollständig verschwindet. Natürlich können Sie mit einer entzündeten Achillessehne weiter Sport treiben. Weichen Sie allerdings auf Alternativen wie Aquajogging, Radfahren oder Schwimmen aus.

VORBEUGUNG: Wählen Sie härtere Laufschuhe mit fester Fersenkappe. Achten Sie aber darauf, dass sie keinen zusätzlichen Druck auf die Sehne ausübt. Meiden Sie auf jeden Fall zu weiches und bergiges Gelände – hier kommt es automatisch zu Fußfehlstellungen. Dehnübungen sind Pflicht, aber nie bis in den Schmerzbereich.

SCHIENBEINKNOCHENHAUTENTZÜNDUNG

SYMPTOME: Bereits während des Dauerlaufs treten im mittleren und im unteren Drittel der Schienbeininnenseite starke Schmerzen auf. Auch am Ansatz der Unterschenkelmuskulatur zwickt's. Und am nächsten Tag haben Sie Druckschmerz.

URSACHE: Ähnlich wie bei einer Achillessehnenentzündung treten diese Schienbeinprobleme (Shin-Splints) bei zu intensiven Trainingssteigerungen auf. Wenn der Muskel im angespannten Zustand gedehnt wird, kommt es zu Fehlbelastungen, die dann diese Reizerscheinungen auslösen. Eine starke Überpronation oder ein Knick-Senk-Fuß sind die häufigsten Gründe. Auch das Laufen auf hartem und schrägem Untergrund kann die Ursache sein. In Kombination mit zu weichen Schuhen und mangelhafter Einlagenversorgung ist eine Überreizung nicht mehr zu vermeiden.

BEHANDLUNG: Gekühlte Kompressen nicht zu straff um die Problemstelle wickeln. Einen Salbenverband mit Entzündungshemmer auflegen, zu Schmerzblockern nur ausnahmsweise greifen. Enzyme wie Phlogenzym beschleunigen die Heilung der entzündeten Stelle.

SPORT ODER PAUSE? Anstrengungen sind okay, da sich durch die Bewegung die Sehnen erwärmen und ausdehnen. Allerdings sind nur Sportarten erlaubt, die keine übermäßige Stoßbelastung auf das Schienbein ausüben. Ideal sind Schwimmen und Radfahren. Auch Inline-Skating ist okay, solange Sie es mit dem Trainingseifer nicht übertreiben.

VORBEUGUNG: Da die Ursache in einer natürlichen Fehlstellung Ihrer Füße liegt, muss das Schuhwerk angepasst werden. Lassen Sie sich spezielle Einlagen verschreiben. Leistungsdiagnostik-Labors helfen Ihnen, an Ihrem Laufstil zu arbeiten. *Tipp:* Erhöhen Sie Ihren Trainingsumfang wöchentlich nie mehr als um zehn Prozent.

MUSKELZERRUNG

SYMPTOME: Sie wollten ja eigentlich nur noch eine flotte Runde in der Abenddämmerung drehen, doch bereits nach wenigen Metern blockiert der Oberschenkel. Sie versuchen zunächst, die Stelle mit einigen Dehnübungen zu lockern, das Gefühl wird dadurch aber krampfartig und sehr schmerzhaft. Sie brechen das Training lieber ab.

URSACHE: Anstatt sich angemessen aufzuwärmen, sind Sie gleich losgelaufen – es sollte ja nur eine kurze Runde werden. Ihre Muskeln waren noch nicht auf Betriebstemperatur, die für das Laufen typischen exzentrischen Belastungen haben den Muskel überdehnt.

BEHANDLUNG: So schnell wie möglich den lädierten Bereich großzügig mit einer geeisten Kompresse umwickeln. Erst wenn die Stelle schmerzfrei ist, können Sie mit leichten Dehnübungen und Lockerungsmassagen beginnen. Um den Regenerationsvorgang zu beschleunigen, sollten Sie unterstützend Vitamin C, E und Magnesium (Diasporal) einnehmen.

SPORT ODER PAUSE? Völlige Ruhe ist nicht vorgeschrieben, aber das hängt immer auch von der Schwere der Verletzung ab. Leichte Dehnübungen sind zwar erlaubt, lockere

Aquajogging-Einheiten aber viel gesünder. Wenn Sie schmerzfrei sind, können Sie wieder mit einem leichten Lauftraining beginnen – anfangs allerdings nur mit maximal 15 Minuten.

VORBEUGUNG: Nur ein optimales Aufwärmprogramm hilft, Zerrungen zu vermeiden. Drehen Sie lieber eine kürzere Runde und stretchen Sie sich dafür fünf Minuten länger. Das sollte übrigens immer behutsam passieren, denn auch durch ruckartige und schnelle Belastungen können Sie sich verletzen. Ein Beispiel: In Schrittstellung gehen, hinteres Bein im Kniegelenk strecken, Ferse am Boden lassen, Hüfte nach vorne schieben.

RÜCKENSCHMERZEN/ISCHIASSCHMERZEN

SYMPTOME: Sie haben während Ihrer Laufrunde nur kurz gestoppt, um sich die Schnürsenkel zu binden. Doch beim Bücken verspürten Sie plötzlich einen heftigen Stich im Kreuz, der über den Po bis in das Bein ausstrahlt. Nur mit Mühe konnten Sie sich aufrichten, der Rücken brennt wie Feuer.

URSACHE: Eine Vielzahl von Rückenverletzungen haben ihre Ursachen in einer ungleichmäßigen Druckverteilung auf die Bandscheiben. Ein schlechter Laufstil (z. B. übermäßige Vorlage), unterschiedliche Beinlänge und ein Arbeitsplatz, bei dem Sie die meiste Zeit sitzen müssen, sorgen auf die Dauer für eine zu hohe Belastung der Wirbelsäule.

BEHANDLUNG: Bei Problemen der unteren Lendenwirbelsäule lindert Wärme (heißes Bad, Rotlicht, ABC-Pflaster) relativ schnell die Schmerzen. Außerdem sollten Sie Entlastungsübungen durchführen. Ein Beispiel: Legen Sie sich dazu auf den Rücken. Die Unterschenkel sind mit einem Stuhl unterlagert, sodass Knie und Hüfte einen rechten Winkel bilden. Alternativ hilft auch die Bauchlage mit leichtem Hohlkreuz.

SPORT ODER PAUSE? Auf jeden Fall brauchen Sie Ruhe. Wenn Sie Gefühlsstörungen oder eine Muskelschwäche in einem Ihrer Beine fühlen, sollten Sie sofort einen Arzt aufsuchen. Das gilt auch bei leichten Rückenschmerzen, die nach einigen Tagen noch nicht verschwunden sind.

VORBEUGUNG: Eine kräftige Rumpf- und Rückenmuskulatur entlastet die Bandscheiben. Sie sollten entsprechende Stärkungsübungen in den Trainingsplan fest einbauen. Ein Beispiel: Bäuchlings auf einen Kasten legen, Füße fixieren, Wirbel für Wirbel den hängenden Oberkörper aufrichten. Aber nicht überstrecken! Wer hierbei schon Schmerzen verspürt, der sollte sich von einem Physiotherapeuten ein paar individuelle Tricks zeigen lassen.

FEHLBELASTUNG DER KNIESCHEIBE

SYMPTOME: Jedes Mal, wenn Sie zum Training aufbrechen und die Treppen hinuntersteigen, zwickt der Knorpel hinter der Kniescheibe. Während des Laufens verschwindet der Schmerz zwar meistens vollständig. Aber wenn Sie das Knie daraufhin abtasten, bemerken Sie ein Knirschen im Kniegelenk.

URSACHE: Oft sind die Laufanfänger betroffen, die ihren Trainingsumfang überproportional gesteigert haben. Bei zusätzlicher Fehlbewegung (Kniebeugen mit Gewichten) oder starker Pronation weicht die Kniescheibe (Patella) nach innen ab. Das Knorpelgewebe, das die Gleitbewegung am Oberschenkel zulässt, löst sich auf.

BEHANDLUNG: Kniegelenksbeschwerden werden schnell chronisch, das Knorpelgewebe wächst nicht nach. Um die Schmerzen zu lindern, sollten Sie die Patella-Region mit einer kalten Kompresse behandeln, die Sie kontinuierlich mit Eiswasser tränken.

SPORT ODER PAUSE? Keine Anstrengungen, solange es weh tut. Sobald die Schmerzen weg sind, kann's wieder losgehen, allerdings nur mit Sportarten, die das Kniegelenk nicht stark belasten (Aquajogging, Schwimmen). Normal laufen dürfen Sie erst wieder, wenn Sie Ihre Beinmuskulatur gezielt gestärkt haben.

VORBEUGUNG: Rauf aufs Rennrad oder Mountainbike! Das sorgt für Muskelaufbau rund um die Patella-Sehne, gleichzeitig wird das Knie nicht durch Ihr ganzes Körpergewicht belastet. Am wichtigsten ist die Kräftigung des Oberschenkelmuskels (Quadrizeps). Orthopädisch angepasste Sporteinlagen und speziell auf Ihren Laufstil zugeschnittene Schuhe sorgen dafür, dass der Knorpelschwund nicht schlimmer wird.

KNÖCHELVERSTAUCHUNG

SYMPTOME: Dumm gelaufen! Diese Wurzel haben Sie übersehen und sind mit dem Knöchel umgeknickt. Sofort tritt eine Schwellung rund um die Außenbänder auf, die den Knöchel umschließen. Sie können nur unter Schmerzen auftreten, ohne Murren geben Sie auf.

URSACHE. Normalerweise trifft der Fuß beim Laufen mit der Fersenaußenseite auf den Boden. Der Fuß vollzieht dann eine Drehung nach innen, um flach aufzusetzen. Durch unebenes Gelände kann sich der Fuß nach außen drehen – bei einer Überdrehung verstaucht sich der Knöchel. Kleiner Trost: Selbst gute Läufer werden von der Verletzung nicht verschont.

BEHANDLUNG: Auch wenn Sie den Schmerz noch nicht spüren, laufen Sie unter keinen Umständen weiter. Denn nur so können Sie Folgeschäden vermeiden. Wichtig: Fuß hochlegen, die betroffene Stelle mit einer Eiskompresse abkühlen. Danach unbedingt einen Druckverband anlegen. Bildet sich um den Knöchel ein Bluterguss, dann müssen Sie zum Arzt.

SPORT ODER PAUSE? Auf keinen Fall Sportarten ausüben, die direkten Druck auf das lädierte Gelenk ausüben. Deswegen am besten ins Schwimmbad. Verzichten Sie aber auch hier auf einen kräftigen Beinschlag. Setzen Sie so lange mit dem Laufen aus, bis der Schmerz vollständig auskuriert ist. Sonst wird der Schaden nur noch größer.

VORBEUGUNG: Wenn Sie ein unsicherer Läufer sind, sollten Sie steinige Pfade oder unebenes Gelände vermeiden. Ganz wichtig sind stabile Laufschuhe mit fester Fersenkappe. Und Kräftigungsübungen für die Fußgelenke. Ein Beispiel: Spannen Sie ein Gummiband um beide Vorderfüße. Drehen Sie dann die Fußspitzen behutsam über die Ferse nach außen. *Tipp:* Übung auch mit überkreuzten Füßen machen.

SCHEUERSYNDROM

SYMPTOME: Eine Viertelstunde nach Laufbeginn spüren Sie Schmerzen an der äußeren Oberschenkelmuskulatur, die zirka drei Zentimeter oberhalb des Kniespaltes beginnen. Das restliche Laufpensum bewältigen Sie problemlos, aber beim Treppensteigen kehrt der Schmerz zurück.

URSACHE: In den meisten Fällen leiden Läufer mit starker Überpronation an dem Scheuersyndrom. Auch ein schlechter Laufstil und falsche Schuhe erzeugen eine Fußfehlstellung, die den äußeren Oberschenkelmuskel stark überlastet.

BEHANDLUNG: Den Schmerz bekämpfen Sie mit Ruhe und mit kalten Kompressen. Prinzipiell muss der Sehnenstrang durch Stretching gedehnt werden, doch meistens liegt der Verhärtung eine zu schwach ausgebildete Gesäßmuskulatur zugrunde. Orthopädisch angepasste Einlagen können helfen; die richtigen Laufschuhe (gegen Überpronation) korrigieren die Fehlstellung der Beine.

SPORT ODER PAUSE? Solange es schmerzt, nur Aquajoggen. Die ersten Laufeinheiten nach der Pause ruhig angehen, unebenes Gelände und Downhill-Läufe vermeiden.

VORBEUGUNG: Kontrollieren Sie Ihre Schuhe. Falls sie auf einer Seite extrem stark abgelaufen sind, brauchen Sie speziell angepasste Einlagen. Eine Videoanalyse gibt einem Experten genügend Information, welcher Schuh für Sie ideal ist. Krafteinheiten im Studio (für den Po) und Stretching-Übungen sollten in den regelmäßigen Trainingsplan aufgenommen werden, um zukünftige Belastungen zu vermindern.

ENTZÜNDUNG DER FUSSSOHLENPLATTE

SYMPTOME: Kaum purzeln Sie aus dem Bett, merken Sie einen Druckschmerz im Übergang vom inneren Fußgewölbe zum Fersenpolster. Im Laufe des Tages vergessen Sie den Schmerz, obwohl er noch da ist. Sobald Sie laufen, lassen die Beschwerden allerdings nach.

URSACHE: Die Belastung durch einen extremen Senk- oder Plattfuß sorgt für eine Überreizung des fasrigen Gewebebandes (Plantarfaszie), das sich von der Ferse zum Fußgewölbe zieht. Da dieses Gewebe kaum dehnbar ist, kann es bei Überlastung einreißen.

BEHANDLUNG: Sobald Sie Beschwerden spüren, müssen Sie das Training abbrechen und die betroffene Stelle mit Eiskompressen abkühlen. Wenn Sie weiterlaufen, kann die Entzündung chronisch werden, und das Gewebe vernarbt. Dann hilft nur noch die Operation.

SPORT ODER PAUSE? Die Verlockung ist groß, denn beim Laufen nehmen die Schmerzen ja ab. Doch sollten Sie Belastungen vermeiden, bei denen Druck auf das Fußgewölbe kommt. Einlagen stützen das Gewölbe ab und entlasten zugleich die entzündete Stelle.

VORBEUGUNG: Da meistens eine Verkürzung der Zehenbeuger vorliegt, müssen Sie sie dehnen. Etwa bei angezogenem Knie und leicht gebeugtem Knöchel langsam die Zehen zum Körper ziehen. Die Fußmuskulatur stärken Sie, indem Sie die Zehen in ein Handtuch krallen.

DER PERFEKTE HEILVERBAND

Lang ist es noch nicht her, da galt die Akutbehandlung von Verletzungen mit dem Eisspray als das Nonplusultra. Mittlerweile sind Eiswürfel und Eissprays in der modernen Sportmedizin out. Ihr Einsatz ist nur relativ kurzzeitig möglich, da es gerade bei einer Behandlung mit dem Eisspray leicht zu einem Kältetrauma mit Haut- und Gewebeschäden kommt.

Die Hot-Ice-Behandlung wird als ideales Verfahren angesehen. Sie ermöglicht die dauerhafte, gleichmäßige Kühlung, ohne Gefahr für Haut und Gewebe. Zudem verhindert der Druck des Verbandes größere Schwellungen.

SO STELLEN SIE EINEN HOT-ICE-VERBAND HER: Etwa ein Liter Leitungswasser in einer Schüssel wird mit etwa 20 Eiswürfeln heruntergekühlt. Die ideale Hot-Ice-Temperatur – etwa ein Grad Celsius – ist erreicht, wenn die Eiswürfel gerade geschmolzen sind. In diese Kühlflüssigkeit legt man mehrere elastische Binden und ein bis zwei weiche Kunstschwämme. Diese Hilfsmittel sollten Läufer immer parat haben.

SO LEGEN SIE DEN HOT-ICE-VERBAND AN: Die nasse und kühle Binde wird leicht um die Verletzung gewickelt. Zusätzlichen Druck auf die Verletzungen (beispielsweise bei einer Zerrung) können Sie bringen, wenn Sie unter die Binde noch einen in Eiswasser getränkten Schwamm legen und dann etwas fester binden. Der Verband kann nach etwa 15 bis 20 Minuten abgenommen werden. Warten Sie etwa fünf Minuten, bis die komprimierte Region wieder besser durchblutet ist. Ein frischer, kalter Verband sorgt für weitere Kühlung. Dieses Vorgehen wiederholen Sie 3- bis 5-mal.

LAUFEN BEI ERKÄLTUNG

Die Nase läuft, und der Kopf dröhnt wie nach einem Motör-head-Konzert. Wer jetzt losrennen will, riskiert seine Gesundheit. Der Grund: Ihr Immunsystem leistet bereits Schwerstarbeit und sollte nicht durch zusätzliche Anstrengungen geschwächt werden. Wenn Sie auch noch Fieber von über 38 Grad haben, droht sogar ernste Gefahr: Myotrope Viren können direkt die Muskelzellen angreifen und unter anderem Gliederschmerzen verursachen. Im schlimmsten Fall wird sogar der Herzmuskel angegriffen und bleibend geschädigt. Sieben bis zehn Tage Pause bei grippalen Infekten sind daher ratsam – und dann sollten Sie nach subjektiv empfundener Genesung nicht sofort wieder mit harten Trainingseinheiten beginnen. Lassen Sie es lieber gemächlich angehen, damit Sie nicht gleich wieder flachliegen.

SO KÖNNEN LÄUFER EINE ERKÄLTUNG VERMEIDEN:

1. Wer mehr als 90 Kilometer die Woche läuft, bekommt eher eine Erkältung (Studie der University North Carolina).
2. Öfter mal die Hände waschen, um die Infektionsgefahr so gering wie möglich zu halten.
3. Wenn Sie als Nahrungsergänzung Zink einnehmen, dauert die Erkältung nur 4 statt der üblichen 7,6 Tage.
4. Sie sollten sehr viel trinken (zum Beispiel Orangensaft, der enthält reichlich Vitamin C), damit die Schleimhäute nicht so stark austrocknen.

Service

DIE AUTOREN

MARKUS STENGLEIN, geboren 1973 in München, volon-
tierte 1995 bei der Motor-Presse in Stuttgart und arbeitete
danach als Technik-Redakteur bei der Zeitschrift Mountain
Bike. Seit 1998 ist er als Sport-Redakteur bei Men's Health in
Hamburg angestellt. Der ausgebildete Triathlon-Trainer hat
bereits mehrmals erfolgreich an Marathons teilgenommen.

DR. MED. RAINER MÜLLER-HÖRNER, geboren 1967 in
Fürth, studierte Humanmedizin in Erlangen und Pretoria
(Südafrika). 1995 promovierte er in Sportmedizin und
Physiologie in Leipzig und Ulm. Zehn Jahre war er Mitglied
der deutschen Triathlon-Nationalmannschaft, wurde in dieser Zeit Vizeweltmeister auf der olympischen Distanz und
Dritter beim Ironman-Wettkampf auf Hawaii. Müller-Hörner
arbeitet nun als niedergelassener Belegarzt in der privatärzt-
lichen EuroMedClinic in Fürth.

LITERATUR

Bakoulis, Gordon: *Breakthrough Running.*
  Human Kinetics, 2000
Burfoot, Amby: *Complete Book of Running.*
  Rodale Press Inc., 1997
Czioska, Frank: *Der optimale Laufschuh.* Meyer & Meyer, 2000
Dagny, Scott: *Complete Book of Women's Running.*
  Rodale Press Inc., 2000
Engelhardt, Martin: *Erfolgreiches Triathlontraining.* BLV, 1994
Freiwald, Jürgen: *Aufwärmen im Sport.* Rowohlt, 1991
Henderson, Joe: *Running 101.* Human Kinetics, 2000
Jost, Herbert: *Laufen.* Rowohlt, 2000
Lebow, Fred: *Complete Book of Running & Fitness.*
  Random House, 1998
Neumann, Georg; Pfützner, Arndt; Berbalk, Anneliese:
  Optimiertes Ausdauertraining. Meyer & Meyer, 1998
Steffny, Herbert: *Walking.* Südwest, 2001
Thomas, Steffens; Grüning, Martin: *Das Laufbuch.*
  Rowohlt, 1999
Tschirner, Thorsten; Wolter, Christine: *Bodyconcept Bauch.*
  Rowohlt, 2001
Wessinghage, Thomas: *Laufen.* BLV, 1996

Die besten Internet-Adressen für Läufer

WWW.MENSHEALTH.DE

Erstklassiger Online-Laufschuhberater mit allen gängigen Modellen. Top: Wird regelmäßig aktualisiert.

WWW.RUNNERSWORLD.COM

Die beste Adresse für Läufer. Mit Riesenauswahl an Trainingsplänen und Tipps (englisch).

WWW.LAUFTREFF.DE

Falls Sie auf der Suche nach einem Lauftreff sind – hier finden Sie garantiert eine Laufgruppe in Ihrer Nähe.

WWW.LAUFPLATZ.DE

Umfangreiche Seite mit Trainingstipps und gut sortiertem Wettkampf-Kalender.

WWW.AUSDAUERSPORT.COM

Umfangreiches und gut aufgearbeitetes Angebot an unterschiedlichen Trainingsplänen.

WWW.RUNNERSBEST.COM

Viele Motivations-Tipps für Einsteiger und gut sortierte Linksammlung.

WWW.MARATHON.DE

Alle wichtigen Marathon-Termine (und Ergebnislisten) auf einen Blick.

WWW.LAUFMEDIZIN.DE

Sehr umfangreiche Site mit allen Infos zum Thema Ernährung, Medizin und Training im Laufsport.

Astrid Christina Richtsfeld
**So macht Mann brave Mädchen
wild** *Der ultimative Erotik-
Guide*
(rororo sachbuch 60680)

Christian Buchholz /
Peter Loycke
**Scheidungsratgeber von
Männern für Männer**
(rororo sachbuch 60861)
Dieser Band behandelt alle
wesentlichen Fragen zum
Thema Scheidung und
Trennung. Er enthält auch
Informationen über die gel-
tenden gesetzlichen Neurege-
lungen zum Kindschaftsrecht
und zur elterlichen Sorge.

Katharina Butz /
Detlef Icheln
Penis pur *Was Männer
wissen wollen*
(rororo sachbuch 60691)
«Penis pur» ist der erste
Guide, der alle Fragen über
das wichtigste Körperteil des
Mannes kompetent und
unterhaltsam beantwortet.
Katharina Butz ist freie Medi-
zinjournalistin, Trägerin ver-
schiedener Journalistenpreise
und Autorin für «Men's
Health». Detlev Icheln ist
Ressortleiter der Gesundheits-
redaktion von «Mens Health».

Wolfgang Melcher
**Der Survival-Guide: Was echte
Männer können müssen**
(rororo sachbuch 60860)
Dieser Band ist nicht nur
spritzig und amüsant ge-
schrieben, er ist vor allem
nützlich: Denn hier steht,
wie der Knopf am Hemd
leicht wieder angenäht, die
neue Kollegin bald erobert
und die Gehaltserhöhung
gewinnbringend angelegt ist.

Gisbert Redecker
Sex zwischen den Ohren *Das
Gehirn als erogene Zone*
(rororo sachbuch 60682)
Gisbert Redecker ist Ver-
haltenstherapeut. Sein
Arbeitsschwerpunkt ist die
Paar- und Sexualtherapie.

Astrid Wronsky
Du siehst gut aus! *Der Pflege-
Guide für Männer*
(rororo sachbuch 60848)
Die Zeiten, in denen man bei
den Männern außer ihrer
Zahnbürste vielleicht noch
einen Rasierapparat im Bad
finden konnte, sind lange
vorbei, denn: ein gepflegter
Body ist angesagt. Aber
keine Panik, Männer! Wie so
oft, sind es die einfachen,
kleinen Tricks, die die
Attraktivität fördern. All das
findet sich in diesem Pflege-
Guide.

Weitere Informationen in der
Rowohlt Revue, kostenlos im
Buchhandel, und im Internet:
www.rororo.de

Ole Petersen
Lifepower
Das Anti-Aging-Programm
Mit Entspannungs-CD (61000)

– Sie fühlen sich jünger.
– Sie sind gesünder.
– Sie bauen Fett ab.
– Sie sind resistenter.
– Sie sehen fitter aus.
– Sie sind ausgeglichener.
– Sie sind sexuell aktiver.
All dies und noch viel mehr erreichen Sie mit dem Lifepower-Programm von Ole Petersen. Er selbst brachte es in wenigen Jahren vom Nichtsportler zum Rekordhalter im Doppel-Ironman – und all das mit seiner sanften und zeitsparenden Methode: dem Drei-Säulen-Programm
Bewegung – Entspannung – Ernährung.